多视角下的传媒翻译研究

赵 冰 著

中国原子能出版社

图书在版编目（CIP）数据

多视角下的传媒翻译研究 / 赵冰著. --北京：中
国原子能出版社，2023.11
ISBN 978-7-5221-3123-8

Ⅰ. ①多…　Ⅱ. ①赵…　Ⅲ. ①传播媒介–翻译–研究
Ⅳ. ①H059

中国国家版本馆 CIP 数据核字（2023）第 228198 号

多视角下的传媒翻译研究

出版发行	中国原子能出版社（北京市海淀区阜成路 43 号　100048）
责任编辑	杨　青
责任印制	赵　明
印　　刷	北京天恒嘉业印刷有限公司
经　　销	全国新华书店
开　　本	787 mm×1092 mm　1/16
印　　张	14
字　　数	207 千字
版　　次	2023 年 11 月第 1 版　2023 年 11 月第 1 次印刷
书　　号	ISBN 978-7-5221-3123-8　　　**定　价**　**72.00 元**

发行电话：**010-68452845**

前　言

　　随着互联网技术的不断发展，传统传媒行业面临着前所未有的挑战。报纸、杂志、广播和电视等传统媒体的影响力和传播能力正在逐渐减弱，而互联网、移动应用等新兴媒体则在迅速崛起，它们以其便捷、快速、多样化的特点吸引着越来越多的用户。在这种情况下，传统媒体不得不面对转型升级的压力，需要积极探索新的业务模式和发展方向。例如，一些报纸、杂志开始转型为数字媒体，电视台和广播电台也开始积极开发新媒体应用，拓展用户群体。随着移动互联网的普及，人们的媒体消费习惯也在不断变化。媒体要想在激烈的市场竞争中立足，必须积极探索新的商业模式，推出符合用户需求的高质量内容。

　　进入 21 世纪以来，随着经济全球化，各国之间的相互依存度日益加深。我国与世界各国在政治、经济、文化、科技、教育等方面的交往也越来越频繁。在这种情况下，外语作为一种媒介手段和信息传递工具显得越来越重要。

　　在全球化和跨文化交流日益频繁的时代，翻译能力已经成为一项非常重要的技能。传媒翻译不仅是把一种语言转化成另一种语言，其更重要的是成为了连接不同国家和文化之间的桥梁。传媒翻译在促进不同国家和文化之间的跨文化交流方面起着至关重要的作用。通过翻译，人们可以了解和学习其他国家的文化、历史、传统和习俗。同时，翻译也为不同国家之间的经济、科技等方面的合作提供了必要的语言沟通。

本书共分为五章：第一章为传媒翻译的概论，包括传媒翻译的定义和原则、传媒翻译的过程和标准、英汉传媒文本比较；第二章为新闻英语与翻译理论，包括新闻与翻译概述、新闻标题的翻译、新闻消息的翻译、新闻导语的翻译、新闻特写的翻译以及新闻评论的翻译；第三章是杂志翻译理论，包括杂志文本特点、特稿翻译、杂志封面报道翻译；第四章为广告翻译理论，包括广告翻译的概述、指导原则、技巧；第五章为影视翻译理论，包括影视翻译的概述、影视翻译的策略和方法、影视翻译的技巧、影视翻译的基本操作规范。

在撰写本书的过程中，作者得到了相关专家的帮助和指导，在此表示真诚的感谢。本书内容全面，条理清晰，但由于作者水平有限，书中难免会有疏漏之处，希望广大读者批评与指正。

作　者
2023 年 5 月

目 录

第一章

传媒翻译的概论

传媒翻译是人类生活的重要组成部分。本章为传媒翻译的概论，包括三个方面的内容，分别是传媒翻译的定义和原则、传媒翻译的过程和标准及英汉传媒文本比较。

第一节　传媒翻译的定义和原则

一、传媒翻译的基本定义

20 世纪以来，随着通信技术的飞速发展，传媒对人类和社会的影响愈加明显，无论是传统的书籍、报刊，还是广播、电视，或者网络新媒体都成为人们现实生活的有机组成部分。而翻译是把一种语言的文本材料替换成另一种语言的文本材料，是用贴近的自然对等语在接受语言中再现源语信息，是把一个文本的意义按照源语作者的意图用另外一种语言转换的过程，为一种基于源语文本之上的、有意图的、人与人之间的跨文化互动。

考虑传媒自身的特点——传媒运作其实就是一个信息传播的过程，包括新闻报道在内的信息传播过程涉及传播者或信源（Who）、传播内容（What）、传播渠道（What Channel）、受传者或信宿（To Whom）和传播效果（What Effect）的"5W"要素。在这个过程中，传播效果自然是不容忽视的重要环节。根据以上翻译的定义可知，翻译在传媒中扮演着信源与信宿之间的中介角色，所以，其本身作为一种信息的传播过程（语际转换即一种信息传播过程），自然要符合信息传播规律的要求。传媒翻译深受不同传媒特质与运作模式的影响，其传播效果还要考虑受众的地理属性、人口属性和心理属性等因素。

传媒翻译（又称为传媒文本翻译，为便于叙述，本书统一采用传媒翻译的说法），实际上是把一种文字写成的传媒文本，有效依循着大众传播的模式与不同传媒的运作规律，然后用另一种语言表达出来，使目的语文本与源语文本达到同样的传播效果，以此满足译语受众的需求。

传媒（文本）翻译属于翻译中的一个大类别，因此，一般文本翻译的规律和影响因素同样会制约和影响传媒文本翻译。总的来讲，影响和制约传媒文本翻译的因素有九个：一是所涉及两种语言所属的语系；二是源语和目的语文本特点；三是目标读者的语境、意图、目的和要求；四是文化、社会和传播层面的差异；五是知识结构的文化差异；六是共同认知的范畴；七是文本读者的预期；八是源语文本的信息内容；九是目的语文本的接受力制约。

传媒翻译的实质跟一般文本翻译的实质没有多大差别，都是语际的意义转换，其中当然包括概念意义、语境意义、形式意义、风格意义、形象意义和文化意义的转换。然而，基于大众传播的特点和传媒语言的特色，传媒翻译有其自身的特点和规律。

翻译学研究的成果表明，文本翻译既受到文化、语言和文本因素的制约，也受到翻译过程和翻译结果的影响和制约。因此，传媒翻译作为典型的文本翻译，其过程一定要遵循翻译的模式和规律，并体现出有别于其他文本翻译的特点。无论是传统的书籍、报刊，还是作为现代电子传媒的广播、电视，甚至网络等不同媒体的文本内容和图片都属于传媒翻译的范围。

这些文本的内容涉及新闻、文学、历史、哲学、宗教等。由于电子传媒和网络的强势地位，字幕翻译的需求也在迅速扩大。传媒翻译的传播功能和表现方式兼具语言和文化特点，传媒翻译文本属于文化产品。传媒文本一方面融入了特定传媒的表达模式，呈现出文体类型的特殊形式和需要；另一方面，传媒"把关人"（记者、编辑和译者）要考虑不同文化背景下受众的接受能力。受众是细分化的，他们有选择性地接近不同的媒介及其报道。由于不同族裔的物质文化、规范文化和认知文化各有特色，因此传媒翻译呈现出个别文化及差异性的特点。大众传媒中，印刷传媒的文本与广播、电视、网络的文本在采写和语言上是有差别的。一般来讲，印刷传媒侧重"书面语"，不同报刊由于定位不同，语言风格也有所差别；广播、电视主要以"口头语"为主，由于栏目定位各异，语言也呈现出不同特点，有的庄重严谨，有的轻松活泼；网络则兼具"书面语"和"口头语"的表达特点，其语言风格由于不同网页的性质、网页所有者或设计者的语言和文化水平的限制而有所差别。

作为传媒内容的具体表现形式，传媒文本是社会化的语言，往往和读者的政治利益、经济利益交织在一起。传媒话语反映人的心理、意识和社会倾向，同时也有不同于其他话语形式的个性特点——重复率很高的特定句子和短语表达，充分体现了媒介思想体系价值化和功能化的语言单位。这些既是传媒话语的特点，也是传媒文本的特点和传媒文本的一贯表现手法。在传媒中多次重复某些内容，或者选择特定的报道语言就能暗示该媒介的立场。

基于传媒翻译的影响因素和传媒翻译的特点，传媒文本翻译对译者有相关要求：一是具有跨学科的知识。媒体承担着传递信息、监督社会、教育和娱乐等多重责任，而且不同媒体的定位细化又不同，所以传媒翻译文本所涵盖的内容是多元化、资讯性、娱乐性和学术性的文本，只要是传媒所报道的内容都属于传媒翻译的范畴。传媒文本的译者像新闻记者和编辑一样都是"把关人",他们必须是"杂家",不仅要懂得翻译学理论知识、具有一定的翻译技能,而且要具备丰富而深厚的综合知识和新闻传播学的基础。二是熟悉传媒文本的规律。传媒文本写作跟其他文本写作的差别在于体裁和采写手法的多样化,而且传媒文本采写既讲究语言技巧又讲究时效性。译者必须熟悉各类传媒如何准确、客观、简练地把所有的资讯以生动而富有创意的文字、配合不同需要迅速地传递给受众,引起受众的注意又被受众所接受。三是关注语言外的力量。翻译学的文本——语言范式认为,源语文本和译语文本之所以存在差别,不仅是因为它们源于两种不同的语系、语言规则及句型,更是由于句子层面之外存在各种不同的强制力。文本翻译不仅仅是源语和语序的双重转换或重构,在文本语言范式下,文本的含义不仅包含在句子中,还包含在整个文本及其结构中,所以译者在翻译时必须考虑源语的语义和语用的综合价值。基于此,在传媒翻译中,译者还需考虑到源语和译语的传媒生态环境、传媒体裁的选择及目标读者的文化认知等因素,传媒翻译可以说是"从头到脚"甚至是"脱胎换骨"的重构,绝不仅仅是两种语言语码的简单转换。所以,在语言层面上,传媒翻译必须克服经常出现的问题:编码的发音、形状和次序不同,词汇量不同,不同文化编码中的词汇文化含义混乱等。四是与时代同步。新闻是历史的记录,传媒与社会息息相关,传媒翻译必须与时代脉搏契合,语言的运用和选择自然要富有时代感。在传媒文本翻译中,源语和译语文本的转换其实是两个社区群体之间的语言交流,译者需站在历史和现实的语境中理解和翻译源语,使其翻译文本的语言体现时代特点和传播色彩。

二、传媒翻译的基本原则

传媒翻译原则是根据传媒客观规律和翻译客观规律总结出来的行为准则,本书将传媒翻译原则归纳如下几个方面。

（一）充分掌握和理解源语文本

译者作为传媒翻译这种信息传播的语际转换过程的"把关人"，在文本的翻译中要灵活对等，通过句法的转换和修辞的变化，把藏在原文中的真义揭示出来。由于传媒翻译涵盖范围广，信息多样化，词语在不同类型的文本中所指意义和内涵会相应地发生变化，所以在进行传媒翻译时，译者必须仔细阅读待翻译的文本，理解其中语义、句法和语用各方面的含义，这是所有文本翻译的第一个环节。阅读理解源语文本旨在了解文本的大语境，先找出句子的主要结构，再找出线索。然后，译者根据词语的语境、参照成分、提示部分、整体理解、关联作用和逻辑联系等进行分析，正确理解词义，找出适当搭配的对等译语。

"粗译"是任何翻译无法逾越的阶段。在这个阶段，译者可以根据个人习惯把所理解和分析后的源语文本进行笔头的粗译，或在脑海中进行意念组织，旨在把原文的内容做思维上的整合。因为文本的优劣关键在于译者的双语思维是否灵活变通，原文的信息是否得以畅达翻译。在传媒翻译中，翻译文本非常讲究可读性和可接受性。如果源语文本被翻译得晦涩难懂，内容就是再忠实也没有用，文本信息必须在受众没有任何接受障碍的条件下传播出去。因此，在传媒翻译过程中，译者的首要任务就是摆脱源语文本和媒体传播形式的桎梏，以所选择媒体和目标受众的口味和要求把文本翻译出来然后传播出去。事实上，英语传媒写作强调使用明白顺畅的英语，行文风格注重朗朗上口，而且传媒翻译也强调时效性，为此译者可尝试用口头传译的方法来粗译。译者在理解源语文本的基础上适当粗译，对于掌握原文的内容、形式和提高翻译效率都大有裨益。

（二）侧重于精准定位

传媒翻译作为一个信息传播过程，译者如何配合译语媒体的风格和定位、受众的接受力和口味做灵活的翻译，增加译文的可读性，对翻译文本的传播来说是非常重要的。

一般而言，当传媒译者遇到一些复杂的词语和句子时，往往会先根据上下文理解词义和语境，然后利用适当的搭配、增补或转换手法，或者用解释性的语言，把某种理念加以说明，或者使用一种浅显易懂的说法加以替代。译语文本在忠于源语文本的基础上，充分考虑到所选择媒体的目标受众、文体特征和市场定位，以便"对人"说话，用语力求通俗，结构务求简明，以增加信源与受众的沟通，并增强译文的可读性，使文本得以有效传播。

传媒常用的一种修辞方法就是利用字根创造新词。面对具体语境下新闻文本中的新词，译者可以采用成分分析法，即把个别成分的语义分解出来，然后利用译语对等的词素，以与源语相同的技法再造新词。

传媒报道涵盖广泛，政治、经济、文化、军事、科技文本尽列其中，涉及的专业用语也很多。一般而言，广大受众有着不同的教育和生活背景，为讲求时效，让受众及时了解资讯的内容，传媒翻译并不像学术刊物那样对深奥或出现的新词汇或理念作注释，而只是通过增补一些背景材料等与内文融为一体，或加括弧补上外文名称，整体上都是简单直接的表达法。有时候，甚至需要沿用新闻报道的惯用做法，将枯燥难懂的专业术语通俗化和形象化。

关于传媒翻译文本中特定范畴的专业词汇和用法，译者必须将其与词语的一般意义和专业意义相区别，注意常用多义词的词义选择，不应照搬英汉词典上现成的释义，而应该基于相关的范畴予以适当的搭配。

（三）用语具有可读性

由于源语和译语之间语言和文化的差异，以及源语和译语在媒体选择和文本上的差异，粗译文本在表达上必然与源语文本有所出入，其中可能有译义不准、语句欧化或译语文本不够精简的地方，也可能不很符合特定媒体目标受众的可读性标准。因此，译者在翻译完文本之后必须就语义、句法和语用三方面加以修正和整合。译者应该摆脱源语句法的桎梏，顺应译语的词序以避免出现欧化句式，文理不顺或者不合逻辑，甚至出现修辞上的褒贬不一，致使译文令人误解，降低译文的可读性。

在修辞层面上，传媒翻译要顾及受众的文化背景与有关媒体或出版物的风格。在行文上要符合其表达习惯，达到风格上的统一。传媒翻译为了达到特定媒体对文体风格的要求，在忠实表达原文的基础上，可以再润色，从而上升到"雅"的高度，以便增强译文的可读性和可接受性，从而有效地到达目标受众。

第二节 传媒翻译的过程和标准

一、传媒翻译的具体流程

翻译是人类文明进步的一项重要实践活动，其最简单、最基本的规定是"双语转换"，仅就翻译实践而言，人们对于同一原作大相径庭的理解和各不相同的翻译，对于同一译作见仁见智的不同评价，无不反映出迥异的翻译观理论[①]。传媒类文本翻译属文本翻译活动，其过程自然遵循以下五个步骤。

① 确定翻译单位。

② 细读源语文本，评估各个翻译单位的描述性内容、情感内容和知识内容。

③ 重构该资讯的元语言语境。

④ 评估文体效果。

---

① 陈丕. 翻译与文化苏珊·巴斯奈特文学翻译理论研究［M］. 昆明：云南大学出版社，2021.

⑤ 译出并修改译语文本。

二、传媒翻译的主要标准

很多译者和学者都对翻译标准"信""达""雅"进行了精辟的阐释和论述，而且其论证都有一定的创造性，可谓见仁见智。但归根结底，众多的翻译标准异曲同工地达成共识：在忠实原文的基础上追求"雅致"。在此，我们提出传媒翻译的宏观标准，并借鉴语言学的翻译标准加以比较。

传媒文本翻译标准：译前的编辑性、主题的明确性、材料的典型性、详略的得体性、结构的调整性、篇幅的合理性。

基于传媒语言的风格与特色，传媒翻译的原则与标准是趋同的：一是由于资讯流通多为单向传播，反馈量小且缓慢，因此译者在表达上更讲求具体与准确，遣词造句切忌模棱两可、语句重复，更应避免搭配不当造成歧义，从而导致资讯被错误理解；二是由于传播速度快、报道讲求时效，因此在表达上也应力求简练，讲究言简意赅；三是由于受众水平参差不齐，为了满足大部分受众的需求，所运用的语言力求清晰、通俗、直接，结构简单；四是至于个别媒体的表达特色，可根据个别媒体的编辑风格加以翻译；五是传媒翻译的最终目的是促成信息的沟通、文化的交流，但并非个人或某个特定机构的宣传工具，因此翻译的时候仍需要考虑受众的利益，并力求客观。

相关的翻译学研究理论对文本翻译都提出了一些标准和方法，这些标准同样适合传媒文本翻译。总结起来，传媒文本的翻译标准如下。

（1）衔接性：各个句子之间如何衔接在一起？

在译文读者心目中，译文必须在逻辑上互相连贯，而翻译过程中的衔接变化有时候可以导致篇章功能的转移。所以，处理好译语文本逻辑上的衔接性和连贯性是至关重要的，这是翻译的一个基本标准。

（2）连贯性：各个主题如何连贯在一起？

连贯性与衔接性互相关联。由于源语和译语受众不可能一致，译文必须对应译语受众的经验和话语期望、文化背景等。这样一来，译文必须在连贯性上下功夫，以使译语受众接受。预设即"语用的推断"，与语言及语言外的知识相关，是译者假设受众应该具备的接受译文文本的知识和观点。任何传媒文本都渗透着记者和编辑等个人主观的立场和观点，他们在采写和取舍新闻事实的时候，都会预先假设文本的目标读者群用与自己一样的立场或者观点来看待新闻人物或新闻事实，其实这是他们强加在所谓"目标读者群"身上的，或者说这样的目标读者及其立场和观点根本不存在，是记者和编辑自己预设的。那么，译者在翻译传媒文本时，必须像原语作者一样，采用"语用推断"的预设，同时照顾译语受众的文化差异、知识背景和阅读习惯，甚至按照新闻人物和新闻事实的态度等来翻译。否则，由于原语和译语文本受众的预设差异和实际差异，译文可能对译语读者发挥不了什么作用，甚至被曲解或误读。

（3）资讯性：文本告诉我们些什么？

这个概念被解释为"谈话人不是讲话，而是意谓或暗示"，这个翻译标准用在传媒文本翻译中，作为传媒文本把关人的译者应该有选择地以一定方式呈现给译语文本读者一定量的相关信息，即译语文本的数量（提供适量的信息）、质量（只翻译事实或者预想会被读者认同的事实）、相关性（只翻译相关的内容）和方式（以受众能理解的方式恰当地表达信息）标准。

（4）意图性：读者或者作者的意图是什么？

（5）接受性：读者（或受众）怎么接受？

（6）相关性：该文本的相关性是什么？

（7）互文性：这篇文章仿效哪些同类的文本？

总之，传媒文本翻译要遵循一般文本翻译的标准，但考虑到不同媒体的运作规律和语言特点，传媒文本的翻译标准总体上高于一般文本翻译的标准。

第三节　英汉传媒文本比较

传媒是指信息的传播媒介，这一概念的诞生最早可以追溯到文字产生前，人与人在日常生活中进行交流并表达自己的思想，是传媒形态的最初表现，但由于缺乏有效的文字载体，这一时期的传媒尚未形成完整的概念和成熟的体系。文字被发明和广泛使用之后，传媒逐渐成为一种重要的交流工具和文化现象。

科学技术迅速发展，信息化技术不断提高，尤其在全球化国际形势不断推进的发展形势下，传媒作用更加凸显。充分利用传媒手段，可以使人与人之间的信息交流完全突破时空限制，这种影响和作用具备相对独立性。随着传媒理论和技术的成熟与完善，传媒领域在技术、媒介及传输方式上先后取得了一系列创新性突破，将现代传媒与传统媒介二者有机融合，大大延伸和拓展了现代传媒的功能与影响范围。在理论学说上，先后形成了包含"第四权力"学说、"媒介即讯息"学说等在内的重要理论，并将其与人类社会生活的实践研究相结合。此外，从本质上来说，不管是从外在形态还是在传播形式上，媒体进步都离不开技术革新，尤其是多媒体技术、数字技术、移动通信和现代信息网络技术等。

传媒的信息处理功能是多元化的，主要包括信息收集和传递，传统传媒受到社会上层建筑基础的限制，随着现代媒介发展，逐渐成为社会经济体的重要组成部分之一，并建立起比较完善且复杂的概念体系，由此开始突破上层建筑的限制，甚至对发展起决定性作用。传媒的多样化特征还表现在其融合到社会政治、经济、文化、教育甚至军事等多个方面，通过电视广播、智能手机、计算机和网络等媒介，深刻地对社会发展产生影响，这种影响是全方位和深层次的。因此，充分运用现代媒介，需要准确而合理地理解现代传媒的概念和演变过程，特别是其多元化的作用和本质。在全球化时代背景下的现代传媒发展过程中，探索和总结出其发展规律和运行模式，全面了解其在国内外的发展现状是非常重要的。

传媒随着信息技术手段和网络平台的推广，日益深入社会生活的方方面面，随着人们物质生活水平的提高，娱乐休闲需求也逐渐提高，传媒逐渐成为人们消费休闲的载体形式之一。对于现代传媒来说，虽然政治影响力仍作为其重要功能之一，但同时融入了舆论工具及新兴产业两方面的性质，这种在社会内容和经济形式上的特征，从本质上来说是社会发展趋势的必然要求。

传媒是一种新媒介，以多元化的功能和广泛化的影响力逐渐成为社会的重要组成部分之一，通过完善的技术和理论体系逐渐突破上层建筑的限制，深入融入政治、经济、文化、教育等多个方面，对社会发展产生了全方位影响，使得信息传播突破时间、空间和距离的束缚，快速而实时地将信息广泛传递给大众。对现代传媒的发展过程进行探索并总结其发展规律，尤其是掌握其传播特性，对于现代传媒手段的合理运用具有十分重要的意义，对于国家意识形态的安全维护领域来说，具有不可替代的积极作用。

传媒借助网络媒体等多种手段，可以有效地突破各种内在和外在因素的限制，实现信息传播的及时性和同步性，因此相比传统媒体而言，其具有速度上的优势。同时传媒手段不存在空间局限，尤其随着网络、手机等通信手段的普及，全球的普通民众都可以通过信息搜索、网络通信、虚拟论坛等多种形式，便捷地获取自己想要的信息，从而推动信息资源在全球范围内的普及。此外，合理利用现代信息技术，可以有效提升信息采集的效率，使得原始数据的收集和再加工环节被大大简化，为保持信息开放性提供技术支持。

　　每种文化都有自己的传统，每种语言都有不同的声音，大量的翻译学理论和翻译转换模式也正是建立在文本和语言的对比分析基础之上的。文本是传播主体创造的劳动成果，是接受主体认知评价的对象，是传播者和受众在传播活动中进行交流、沟通和互动的中介。传媒文本既反映了传播主体（即传播者）进行传播的目的和水平，也直接影响着接受主体（即受众）的信息接受行为。传媒文本具有文本结构简单、文本语境低度和文本语言明确等个性特征，其实质在于为接受主体提供明白清晰的事实信息。但是，由于中英文传媒的生态环境、所遵循的理念、主题选择、叙事方法、文本语言特征等不同，译者往往会因为文本语言不明确导致读者对译语文本的误解和曲解。因此，在进行中英文编译的过程中，译者解读或者编译新闻文本需要关注和理解中英文的以下差异。

　　传媒不是孤立存在的，它是社会的一个子系统，是社会的有机组成部分，它的存在和发展与其他系统（如政治、经济、文化等）也存在着密切的关系。这种关系的总和即传媒生态环境，它决定了传媒的运作模式和操作方式。

　　传媒属性决定了传媒运作和文本所遵循的文本理念，世界各国的传播制度与其社会制度、传媒生态环境和传媒属性是一脉相承的。大众传媒既发挥着传播信息、监督社会、引导舆论、教育娱乐等社会功能，也具有消磨受众时间等作用，但在不同理念支配下的传媒所体现的社会功能必然有所差别。英语传媒强调传播信息的功能，往往把消息和言论文本分开，标榜客观、公正和准确，以争取读者和广告商的支持，并获取利润。相比之下，中国传媒比较重视舆论导向。改革开放以来，随着人们对传媒属性和社会功能认识的不断加深，传媒的产业属性和经济属性的本质得以发扬，传媒的多种社会功能都被强调和重视起来。

　　在中国，这个理念落实在实践中就是中国传媒作为上层建筑的有机组成部分，更多发挥的是"宣传为本"、舆论导向和弘扬主旋律的耳目喉舌作用。在实践中，工作要坚持党性、指导性和以正面宣传为主要原则。在传媒文本的主题选择和叙述方式上，多以正面宣传为主。传媒及其文本兼具经济基础和上层建筑的双重属性，文本及其主题选择必然与社会的政治环境、经济环境、文化观念和意识形态有着密切的关系。

不可否认，传媒文本的主题选择和叙述方式是在语言的外壳下发挥作用的社会化手段，隐含着不同的价值观念和文化认知、理念。而不同的文本的主题选择和叙述方式直接或间接地影响着人们的思维方式和生活方式，主题对人们的态度和意识的形成发挥着重要作用。价值决定了传媒文本的处理，也决定着传媒主题的选择。英语传媒深受西方文化中猎奇、冒险、崇尚悲剧美等特点的影响，其新闻价值取向倾向于动态性和负面性，遵循"狗咬人"和"灾难、犯罪、女人及金钱至上"的价值判断标准。而中国媒体往往倾向于选择典型性和时代性题材，以体现传媒有益于构建和谐社会的作用。

第二章

新闻英语与翻译理论

本章主要从六个方面对新闻英语与翻译理论进行阐述，分别是新闻与翻译概述、新闻标题的翻译、新闻消息的翻译、新闻导语的翻译、新闻特写的翻译及新闻评论的翻译。

第一节　新闻与翻译概述

新闻是为了满足人类在社会实践活动中沟通信息这一需要而产生的，在原始社会，人类已用各种信号如语言、手势、音响、烽火、符号、图画、结绳等互通信息。随着生产力的发展、文字的出现，人际关系日益密切，书信新闻和手抄新闻相继问世。近代资本主义生产方式出现以后，随着贸易、航海业的日益发达，印刷术的普及，产生了从事采集新闻的社会职业和专门传播新闻的机构。电信和电子等现代科学技术发明后，又出现了广播新闻和电视新闻。通信卫星与电脑技术的应用，革新了新闻采写编播的过程，提高了传播速度，扩大了传播范围，缩小了世界空间。新闻对人类生活的影响越来越大。

一、新闻的基本定义和主要类型

（一）新闻的基本定义

要了解新闻的本质、定义及其历史发展演变，我们首先有必要对它作词源学上的探讨。英语 News 一词，源于希腊，解释为新鲜报道，18 世纪后，News 开始作为现代意义的词汇运用。德语"新闻"一词，源于德国北部俗语"报道"，指商旅传播的趣闻轶事，15 世纪，又演化为在时间上绝对新颖的事物，16 世纪后，被用作印刷物的代名词——"报纸"解。可见"新闻"一词的词源包含有"最近消息""新鲜报道""绝对新颖的事物"等意义，其共有一个"新"字。而"新"正是现代新闻报道的一个关键要素，"新"意味着报道及时。

新闻是一种令人惊讶的事情，所谓新闻，就是为了向大多数人传播知识和趣味，把最新的，或者与现在有关的所有旧事的存在、变化、兴衰、发展等现实情况印刷出来的报道。新闻就是把最新的、现实的现象在最短的时间距离内，连续介绍给最广泛的公众。首先，新闻是新近发生的事实的报道，新闻是"事实"，表明了新闻的内容应当是"有准确地址"的真人真事。它有别于文学的虚构，从而区别了新闻的真实与文学的真实。其次，指出了这个"事实"必须是"新近发生的"，表明了新闻内容的时新性，使它有别于历史。最后它将"新闻"的概念落实在"报道"上，从而将新闻的外延限定在大众传播的范围，与街谈巷议、私人通信、秘密情报等人际传播形式区别开来，这个定义透过新闻纷繁芜杂的特征抓住了其本质属性："新近""事实""报道"。该定义坚持了事实是新闻的本源，即事实在先、新闻在后这一辩证唯物主义的基本观点；准确指明了新闻的本质属性：真实性、及时性和公开性；高度概括了新闻概念的内涵、外延和本质特征，符合对事物下定义的逻辑规范。

根据新闻的定义，只有新近发生的事实才能成为新闻，但是并非所有新近发生的事实都能成为新闻。新闻报道具有选择性，也就是说，新闻记者和编辑心目中都有一个衡量某一事件是否值得采写、刊登的尺度。这一尺度就是通常所说的新闻价值，只有被大众传媒公开报道、新近发生的事实才能成为新闻。

新闻价值（News value）这个概念最早形成于美国。1833 年 9 月 3 日，美国大众化报纸《太阳报》创刊，推动了面向全社会的"便士报"（Penny Paper）的迅速发展。在报业竞争中，各报社老板和主编为扩大报纸发行量，十分重视新闻事实的选择。美国著名报人 J·普利策要求记者采访与众不同的、有特色的、戏剧性的、浪漫的、动人心魄的、独一无二的、奇妙的、幽默的、别出心裁的新闻，认为符合上述要求的就是有价值的新闻。20 世纪初，美国、日本的一些新闻学者，把新闻事实的选择标准统一到新闻价值这一概念上。到 20 世纪 20 年代，美国和日本的新闻学著作对新闻价值已有较完整的论述。

新闻价值是新闻工作者用以衡量客观事实是否能构成新闻的标准，因而对新闻价值定义的界定对新闻工作就显得非常重要。目前，国内在对新闻价值概念的认识上大体存在三种类型的新闻价值观："素质说""标准说""效果功能说"。

"素质说"立足于新闻事实本身，认为新闻价值是指事实本身包含的足以构成新闻的特殊素质，这些"特殊素质"决定了新闻价值的大小，因而新闻价值与记者评判新闻事实的标准无关。新闻价值是记者、编辑衡量新闻的尺度和标准，这是以新闻的导向价值为依据的。其代表性定义有新闻价值是记者选择和衡量新闻事实的客观标准，新闻价值是新闻事实在传播过程中所履行的引起社会效果的功能，这是从受众的角度来理解新闻的价值；新闻价值就是新闻影响读者并通过读者影响社会的功能，这是指新闻事实适应社会需要的功能。除此之外，新闻价值也指新闻机构发布的新闻在群众中受到重视的程度，即记者、编辑的辛勤劳动在群众中受到重视的程度。

"素质说"和"标准说"都有其片面性。前者局限于新闻事实价值本身而忽视了新闻记者和编辑在新闻价值判断中的能动作用，后者则正好相反。"效果功能说"意识到新闻价值是一个由主观与客观结合的产物，但其认识有待进一步发展和完善。新闻价值是新近发生的事实在传播过程中所履行的能满足人们知晓、认识、教育、审美等诸种需要的功能，这里有必要提及新闻满足公众"知晓"需要的功能。人们读报、看电视获取新闻主要是为了了解国内外大事，满足受众的"知晓"需要已成为新闻媒介愈来愈重要的功能。所谓"知晓"，就是使受众通过新近的，或正在发生的、将要发生的事实的报道，给公众提供值得知晓的"事实"，使他们真正有所"知"，尤其是在当今社会，随着科学技术的飞速发展和日益激烈的市场竞争，人们渴望对学习、工作和生活具有"指导"价值的新闻信息，需要不断地获取无尽的智力支持和动力源泉。这正是在新的历史条件下，受众对新闻信息价值的普遍要求。

新闻价值作为选择报道事实的标准，包含下列要素：一是时新性。指新闻事件是新近发生的而且是社会大众所不知道的，包含着时间近、内容新两个含义。事件发生和公开报道之间的时间差越短，新闻价值越大；内容越新鲜，新闻价值也就越大。二是重要性。指新闻事件与当前社会生活和大众的切身利益有着密切关系，必定会引起人们关心，影响许多人，如政局的变动、政策的变化、战争进展及重大经济信息等。一般说来，新闻事实对国计民生的影响越大，就越重要，新闻价值也就越大。三是接近性。包括地理上的接近、利害上的接近、思想上的接近、感情上的接近。凡是具有接近性的事实，受众关心，新闻价值就大。四是显著性。新闻报道对象（包括人物、团体、地点等）的知名度越高，新闻价值越大。五是趣味性。指能够引起人们感情共鸣，能激发好奇心，富有人情味和生活情趣的事实，即通常所说的奇闻趣事。换言之，新闻报道的内容必须能引发读者的阅读兴趣。

新闻价值对于新闻采访、制作、编辑等新闻业务有直接的作用。新闻事实能否及时传播出去，除了考虑事实的新闻价值和采编者的新闻价值观外，还要受到一国新闻政策、新闻法规的制约。任何报纸都要受到一国国情、市场、集团利益、办报宗旨、采编者的世界观、人生观、新闻观等因素的影响，这些因素形成一股合力决定了报纸的新闻价值取向。

（二）新闻的主要类型

目前国内重要网站对新闻的分类大致相同，一般包括本地新闻、国内新闻、国际新闻、体育新闻、财经新闻、科技新闻、文教新闻和娱乐新闻，有的网站将文教新闻和娱乐新闻合为文娱新闻。全球最大的英文网站雅虎网站则将新闻分为商业新闻、技术新闻、政治新闻、国际新闻、本地新闻、娱乐新闻、体育新闻、评论、科学新闻、卫生新闻。国内外新闻传媒的新闻分类也大体如此，但这种新闻分类法多有重叠，从纯粹的分类学角度看是不科学的。

分类的角度不同，新闻的类别是截然不同的。按事实发生的状态分，有突发性新闻、持续性新闻、周期性新闻。按事实发生与报道的时间差距分，有事件性新闻和非事件性新闻。按新闻发生的地区与影响范围分，有国际性新闻、全国性新闻、地方性新闻，如中央电视台的新闻联播就是按地区划分新闻，国内新闻在前，国际新闻在后。按新闻事实的材料组合分，有典型新闻、综合新闻、系列新闻。按传播渠道和信息载体分，有文字新闻、图片新闻、电声新闻、音像新闻。按反映社会生活内容分，有政治新闻、经济新闻、法律新闻、军事新闻、科技新闻、文娱新闻、体育新闻、社会新闻等。

二、新闻语言的基本属性和特点

新闻翻译不同于文学翻译，一个重要原因是运用于新闻作品和文学作品的语言存在差异。文学语言重在塑造艺术形象，而新闻语言重在传播新闻事实。文学语言的主要特征是再现性与表现性的高度统一、鲜明性与模糊性的和谐统一、语言气势与节奏的变幻多姿；新闻语言的主要特点是准确贴切、简洁明快、生动形象。二者的区别在于新闻语言以准确为核心，文学语言则要求不要摹写自然。那么，什么是新闻语言？其本质特征是什么？一个合格的新闻翻译者首先必须对新闻语言的基本特点了然于胸。

（一）新闻语言的基本属性

新闻的基本目的是传播信息并为人们所接受，新闻的内容包含的是事实[①]。新闻语言是一种复杂的社会现象，它来源于社会实践，依赖于社会实践，它的面貌总是随社会实践的变化而变化，随社会生活的发展而发展。一切新闻都是以事实为基础的，也就是说，事实是第一性的，新闻是第二性的。主体的意识活动任何时候都不可能直接造就出客体，传播者的主观愿望、要求也永远不可能创造事实。新闻作品内容的客观性，决定了新闻语言必然是一种如实呈现客观事实的语言。由此，我们可以得出新闻语言的基本属性：新闻语言是如实呈现客观事实的语言。

当然，在看到新闻语言具有真实、客观、全面地传播客观事实的一面的同时，也要看到新闻语言又具有传达传播者思想和感情的一面。传播者观察生活中的人物、事件，感受和认知新闻事实的价值和包含的内蕴，根据主观的目的和需要，选择什么、保留什么、舍弃什么，传播者的目的和

---

① 廖广莲. 新闻通讯传媒写作技巧与范例［M］. 北京：北京联合出版公司，2015.

鲜明的主观倾向性都必然会体现在他的新闻作品的语言里。所以，新闻语言在如实呈现客观事实时，不是照相式的、被动的反映，而是包含着传播者强烈的主观因素的过滤了的、能动的反映。传播者的世界观、道德观念、才识等因素无不对新闻语言产生这样或那样的影响，这也是造成新闻语言千差万别现象的原因之一。但是，新闻语言与神话、文学、艺术等价值语言对生活的"反思"是不一样的，新闻语言自始至终不能离开事实，自始至终要保持社会生活的原貌，绝不容许创造事实，更不容许虚构。

新闻语言归根到底是受众的语言。从新闻传播的过程看，受众是新闻信息的接受者，是新闻语言作用的对象，受众使新闻由潜在的形式变为现实的形式，没有受众，就没有新闻，没有受众，新闻传播就失去了意义。新闻语言是新闻与受众的中介，是促使新闻传播过程良性循环的关键，好的新闻往往是真实的内容与完美的语言表达的统一。完美的语言形式在吸引、引导和感染受众的同时，博得受众的信任，树立新闻事实真实可信的权威，使受众心悦诚服地接受新闻，包括其中所包含的传播者的主观思想和倾向。

（二）新闻语言的基本特点

新闻语言指的是新闻作品的语言，新闻及新闻语言的本质特性决定了新闻语言具有具体、准确、简明、通俗、生动的特征。

1. 具体性

新闻中报道的某件具体事实总是在某一特定的时间和地点发生在某一特定的对象身上。具体是真实的反映，是可信性的保证。而抽象和空洞是具体的大敌，它不但造成语言文字的浪费，而且影响新闻报道的效果，新闻行话称之为"空"或"水分大"。就事件叙述而言，不具体，读者就搞不清前因后果；从场面描写来说，不具体，就不能让人身临其境。另外，人物形象、言行也都要靠具体的文字来表现。

2. 准确性

准确是新闻语言的核心，新闻报道的主要目的，就是真实准确地反映客观事实，力求使读者阅读报纸和收看电视广播后所产生的印象与事实真相一致，语言不准确就会导致报道的内容失真。因此，新闻报道要靠事实说话，而不是依赖艺术创造。新闻语言不准确，一般是指用字、遣词、造句不能准确反映实际情况，表现为不合乎逻辑、概念不明确、判断不准确、推理不正确等。要做到准确，作者需要下两方面的功夫：一方面是语言上的功夫；另一方面是对实际事物深入了解的功夫。作者对所报道的事物有透彻的认识，才能做到语言的清晰、准确。

3. 简明性

新闻报道要和时间赛跑，时间性极强，而且传媒的容量也有限，因而总的说来篇幅要短小，语言要简明，多余是新闻语言的大忌。新闻作品要力避冗词赘语，注意剔除可有可无的词句，宁用短句，不用长句，宁用简单句，不用复合句，宁用清晰明了之语，不用晦涩难懂之词。在英语中还表现为宁用简短小词，不用大词冗语。

英语新闻语言简洁明快的特点主要表现为以下几点。

一是多用简短小词。英语中存在同义词群现象，一个意义既可用一个只包含三五个字母的简短小词表达，也可用一个包含许多字母的大词、难词表示。为了节省篇幅、用词简约和抢时间，新闻记者更喜欢用简短小词（由于语言构型的差异，汉语虽然也有同义词群，但无小词大词之分，因而也就无法利用英语语言的这一特点）。

二是用简洁通俗的语言替代正式冗长的表达方式。

三是剔除多余的词。

4. 通俗性

新闻语言是传播语言，新闻作品面向社会大众，这一特点决定了新闻语言的通俗性、大众化。新闻语言的通俗性表现在以下几点。

（1）使用通用的语言、常用的字汇

报纸的读者、广播电视的听众观众是各种各样的，年龄、职业、文化水平等都有差异。因此，新闻语言应当尽可能地使用语言的共核即人民大众喜闻乐见的语言，以便兼顾不同层次的受众。

（2）尽量使用标准的普通话

地方性报纸在报道本地区相关的非重大的新闻时容许偶尔使用本地方言。

（3）尽量少用专业术语

由于新闻报道的广泛性，各个行业和领域都可能涉及，因而专业术语几乎是不可避免的，不使用专业术语有时可能影响新闻的准确性，专业术语不到万不得已时尽量不用。对难懂的专业术语要作解释，或用比喻的方式深入浅出地说出来。如一位记者把我国经济改革的三项任务用运动会来比喻：企业是"运动员"，市场是"运动场"，宏观调控是"裁判"。这个比喻把三项任务的实质和联系形象地说出来了，比单纯的解释效果好。

（4）利用群众语言

群众语言具有形象、通俗、简洁、真实、自然的特点，可以适当地引入到新闻作品中。如书面语说"空气负离子发生器发出的空气清爽、洁净"，而群众语言是"空气就像公园的早晨一样新鲜"。

5. 生动性

新闻语言应该是质感的、生动的、强有力的，新闻报道要打动人心，新闻语言一定要生动形象，富有特色。新闻虽与文学不同，但新闻写作时经常要运用形象思维。如人物描写，新闻虽不能像写小说那样细腻地精雕细刻，但可以简笔勾画，画龙点睛，使新闻更加生动，有如见真人之感。比如在增强语言表达力方面，煲电话粥就要比打了好长时间的电话生动形象。

三、新闻翻译的主要标准

新闻翻译的标准概括地说就是译词准确、语言通顺（通俗）、文体适切，另外还要加上一条：快速迅捷。像其他文体的翻译一样，新闻翻译包括理解和表达两个方面。译者要按原文固有的含义去理解和表达，要从原文内部的相互联系，从字、词组、句子等各部分之间的相互联系，完整透彻地理解原文并确切地表达其内容，做到使读者或听者易于看懂或听懂译文。简言之，就是既要忠实于原文，又要使读者易于了解原作。新闻翻译要避免两个极端，一是随心所欲，脱离原义，凭主观臆断去乱译；二是拘泥于原文语言形式的翻译，不从原文各个组成部分之间的相互联系去理解原文，不从语言发展的观点去理解字义，而是孤立地看待各个单字、词组、句子和部分，机械地逐字死译。

新闻翻译的政治性很强，这就特别要求译文准确。如果译得不准确，往往会造成不良的政治影响。新闻翻译的准确性主要是就专业术语而言，新闻语言用词范围广，新词新语层出不穷，这是因为新闻报道涉及社会政治生活、金融商业活动、军事冲突、科技发展、外交活动、文化体育动态以及宗教、法律、刑事、家庭等各个方面的最新进展。面对题材如此广泛的新闻报刊材料，翻译者必然会遇到词语不熟的问题，此时译者应特别谨慎，或查阅词典（包括网上专业词典），或求教专家，力求准确地译出各行各业使用的词语。以英语为例，Recorder 的常义是"录音机"，但在英国的法律诉讼新闻中，它就成了法律术语，意为"法官"（主要指刑事法官）或"律师"，不要望文生义地译为"记录官"。Labour 在医疗卫生新闻中指的可能不是"劳动"，而是妇女"分娩"。Scenario 是现代英美报刊的一个常用词，原义"电影剧本"，现在词义发展演变为"活动计划""办事程序"等。总之，无论是专业术语还是普通词汇，新闻翻译者都要小心谨慎，而且应当只能根据上下文准确地译出其含义。

新闻翻译的群众性强，新闻翻译作品常常被译入语的众多的新闻传媒传播，也就是说，它有着巨大的潜在的受众，这就要求译文通俗易懂。另外，也由于新闻翻译作品的数量大，读者多，因而对译入语文风的影响大。好的译文可以丰富本国语言，对文风产生好的影响。不好的译文则会破坏本国语言，对文风产生不好的影响。不可否认，新闻语言中存在浮华与粗俗。新闻翻译者应坚持严谨的翻译作风，对原文去粗取精，将为广大受众奉献健康有益的语言形式和知识内容作为自己神圣的职责。

新闻体裁的多样性决定了新闻翻译要根据不同的内容和体裁选择不同的语言表达手段，做到文体适切。例如，翻译法律文件，要求译文很严谨；翻译文艺性通信之类的稿件，则要求译文优美、有文采。此外，新闻翻译的时间性强，这是新闻本身的特点决定的。因为如不抓紧时间，新闻就变成了旧闻。新闻翻译不可能像文学翻译那样句斟字酌，精雕细刻。遇有重大新闻或重要文件，可集中人力翻译，以便抢时间、保质量。

在新闻翻译的具体操作过程中，如何做到文体适切、如何解决文化背景知识问题、如何保留新闻原作的形式和内容等都是译者必须面对和解决的问题。

四、新闻翻译的关键性要点

（一）精准把握语体

语体是根据不同的交际领域、交际目的、交际方式等形成的言语特点的有机统一体，它与文体是两个不同的概念。文体是体裁分类，语体是功能分类。在一种文体中可能穿插运用几种语体，但一种文体总以运用某一种语体为主。

国内外对语体存在着不同的分类。陈望道先生以社会交际功能为标准把语体分为实用体和艺术体或分为公文体、政论体、科学体、文艺体等，张弓先生则以表现形式为依据把语体分为口头语体和书面语体。

语体是人类自然语言中一个复杂而微妙的现象。本族语言者一般都能自然而无意识地随交际的对象、场合和目的而转换语体，但对外语学习者来说，对目标语语体的敏感性只有通过学习、观察、感悟、分析、比较、积累等手段进行后天培养。

无论是说话、写文章还是翻译，语体的协调统一都是非常重要的。当然，为了某种特殊意图有意"破体"除外。在一般情况下，语体不协调会影响交际效果，甚至闹笑话。语体的相互排斥是指每种语体具有自己的典型的、公认的表达手段和方式，这些表达手段和方式对于其他语体却往往是不协调、相排斥的。即使基本上用了谈话语体，仅仅个别要素用了另一种语体的成分，如说："服务员同志，能不能给我一点煮沸过的一氧化二氢"也会令人感到格格不入。"兹因……尚祈……"是文言语体，"一氧化二氢"是科学语体，二者对于谈话语体都是"不协调、相排斥的"。说话、写文章，表达某一内容为什么采用这种语言形式而不采用那种语言形式，原因就是语言形式受到语体的一定制约，若用不得当，就会影响交际，影响表达效果。

当然，我们既要看到语体互相排斥的一面，又要看到它们交叉融合的另一面。各类语体虽然各有独立特征，但是它们又互相关联、互相影响，彼此交错。我们对于语体类别的看法要辩证灵活，切不可以绝对化，事实正是这样。新闻体属于文卷语体中的应用语体，即是一种书面语体。它由于面对广大受众，因而行文比较正式，语法比较规范，词汇书面化，主要用来报道消息，告知情况，"对话"在其中基本不出现或者出现很少。适应新闻报道相对复杂的内容，客观上要求长句出现，因为长句可以蕴涵丰富的信息，表达复杂的逻辑关系。

英语新闻文体属于通用英语，即标准英语的主体层。20世纪60年代以来，英语新闻作品中已越来越多地出现口语体词及俚语。从发展趋势看，英美新闻报道逐渐接近谈话体英语，这可能是由于现代新闻传媒的迅猛发展，新闻稿件必须适应口语化广播电视新闻报道的需要。新闻文体（包括广播电视新闻文体）属于书面语体，其中的大多数体裁都不是正式英语，但与口语体英语仍有明显差别。

新闻事业的快速发展，新闻报道深度和广度的加强，新闻报道的形式日益多样化，这就决定了新闻文体的语体的多样性。既有属于口语语体的记者现场采访、重要人物的演讲或讲话，又有属于书面语体的各类消息报道、特写、评论、书评等，可以说是正式与非正式、口语体与书面体融于一体。新闻翻译者应当根据所译新闻作品的形式和内容准确地把握原文的语体基调，然后用合适的译语把它忠实地再现出来。

（二）恰当处理文化因素

文化是一种复杂的集合体，它包括知识、信仰、艺术、道德、法律、风俗，以及由作为社会成员的人所获得的其他任何能力和习惯，这一定义有助于文化因素的分类。从中外文化差异的角度看，作为民族文化载体的语言中所包含的文化因素大致包括几个方面：一是思维文化，即由思维方式和思维习惯形成的文化，表现在不同的民族以不同的文化规约来认识和思考世界。如俄罗斯人称"高压锅"是着眼于它的快慢功能，中国人则着眼于它的物理性能；英美人称"火车"注意的是它的运行方式，而中国人则注意的是火与汽的关系等。二是习俗文化，即贯穿于日常社会生活和交际活动中由民族的风俗习惯积淀而形成的文化。如中国人与外国人在打招呼、称谓、道谢、恭维、致歉、告别、打电话等方面表现出的不同的文化规约和习俗等。三是历史文化，即由特定的历史发展进程和社会遗产的积淀所形成的文化。如中国人常以松、竹、梅喻人品的高洁；英美人常把柠檬喻作"讨厌的家伙"等。四是心态文化，即由特定的民族心理和社会意识所形成的文化，表现在不同的民族在价值观念和伦理道德的表达、含蓄委婉情感的表露及恭卑谦让的表现等方面的文化差异。五是地域文化，即由所处地域、自然条件和地理环境所形成的文化，表现在不同民族对同一种现象或事物采取不同的言语表达形式。如中国人常用"牛"来比喻勤劳和吃苦耐劳，欧美人则用"马"来作类似比喻。六是宗教文化，即由民族的宗教信仰、意识等所形成的文化，表现在不同民族在崇拜、禁忌等方面的文化差异。七是体态文化，即由身势语言所体现的文化，表现在不同民族常采用不同的体态语言来表达特定的情感和思想等。如伸出大拇指在中国和美国都表示称赞，但在澳大利亚和新西兰却是个下流动作。

新闻报道的内容包罗万象，涵盖了人类创造的一切物质成果和精神成果。与文学作品相比，新闻包含了更多的文化背景信息，这就给新闻翻译者带来了巨大的困难。没有广博的语言文化知识，新闻翻译将寸步难行。

由于缺乏文化背景知识而造成误译，在新闻翻译中比比皆是。这些误译严重影响了新闻事实准确的传达，给受众以误导。例如，有人把 Good Friday（Peace）Accord/Agreement 译成"美丽星期五协议"。这里，Good Friday 是西方的一个宗教节日"耶稣受难日"。因而原文应译为"耶稣受难日（和平）协议"。可能有人认为，新闻翻译不必像文学翻译那样做到字字准确无误。这种观点是错误的、有害的，不求甚解的翻译是对读者不负责任，是对翻译工作的亵渎。

（三）灵活运用变译方法

新闻翻译与其他类型的翻译如文学翻译、法律翻译、经贸翻译、科技翻译等存在很大区别，其原因有三：第一，"新"是新闻的生命，这一特点要求新闻翻译必须抢时间，与时间赛跑，在尽可能短的时间内见诸新闻传媒，超过了一定的期限新闻就成了旧闻，新闻翻译作品就失去了新闻价值。在大多数情况下，译者没有必要逐字逐句地全文照译，完全可以采用灵活变通的手段最快捷地传译消息的主要内容。只要完全真实，就是有价值的新闻，而不必忠实于原文的形式。第二，对于同一新闻事实，常常有多家媒体的多种报道，内容庞杂，这时就要求译者有很强的辨别和综合能力。哪些是客观事实，哪些是主观评论，以及以何种方式对事实进行取舍、组织、整合，这都不是全译能做到的，必须求助变译。第三，有时报刊新闻要翻译成广播电视新闻稿，这就涉及体裁和语体的转换，更需要用变译。

既然变译之于新闻翻译如此重要，那么什么是变译？在我国，变通翻译法早已有人作过探讨，但对它详细地、系统地、深入地进行理论研究的是黄忠廉先生。变译的实质是译者根据特定条件下特定读者的特殊需求采用增、减、编、述、缩、并、改等变通手段摄取原作有关内容的翻译活动。变译，并不是随心所欲的改变，取什么，舍什么，都有一定原则可循。例如编译应遵循六条原则：译前的编辑性、主题的明确性、材料的集中性和典型性、详略的得体性、结构的调整性和篇幅的合理性。摘译至少要遵循下列原则：整体性原则、针对性原则、简要性原则、重要性原则、选择性原则和客观性原则等。各种变译（摘译、编译、改译、译述、综述、述评、阐译、译写、参译）在整个变译体系中所处层次有别，它所遵循的原则自然有所不同。变译的原则之间前后相继，呈梯级发展。譬如，编译的原则以摘译的原则为基础、前提，在后者的基础上至少可增加四条原则：概括性原则、调整性原则、层次性原则、合并性原则。

变译的作用在于多快好省、有的放矢地吸收国外信息:"多"指单位信息量大,"快"指传播速度高,"好"指信息最有效,"省"指省文本篇幅、省译者和读者的时间。这正好与新闻传播的特点与受众的需求不谋而合。

新闻翻译中适用的变译方法主要是减、编、述、缩、并、改:"减"是总体上去掉原作中在译者看来读者所不需要的信息内容,有时是去掉原作中的残枝败叶或挤掉多余的水分。其目的在于以小见大,让有用信息的价值充分展示出来。"编"即编辑,指将原作内容条理化、有序化,使之更完美更精致的行为,它包括编选、编排、编写等。"述"包括叙述、转述或复述,它不追求字比句次,只求把原作的主要内容或部分内容用自己的话传达出来,原作形式基本遭到破坏。"缩"是压缩,是对原文内容的浓缩,是比"述"更凝练地用译语将原作压缩的行为。它使信息量由大变小,远小于原作,达到量少质高的效果,从而节省阅读时间,迅速找到所需信息。"并"指合并,是将原作中同类或有先后逻辑关系的两个及其以上的部分结合到一起的变通手段。"改"即改变,使原作发生明显的变化,改换了内容或形式,如改变体裁等。

1. 编译

读报、看电视,我们经常在篇头看到"编译"字样或者听到播音员说"这是……编译的"。事实是,国外大量的最新信息都是通过编译引介到国内的。新闻翻译尤其常用编译手段。所谓编译,指编辑和翻译,是夹杂着编辑的翻译活动,是先编后译的过程,是根据翻译对象的特殊要求对一篇或几篇原作加工整理后再进行翻译的变译活动。加工指将原作制成新作,以达到翻译的特定要求;另一层意思是使原文更完善,更能为译文读者所接受;整理则指使原文更加条理化,或据译者(或读者)要求更具针对性,调整秩序，使之有序化。

　　编译是把一种或若干种外国的作品、文章或资料根据读者的需要加以改编的一种工作，是翻译和编写二者的有机结合。更具体地说，它是编译者紧扣原作的主题思想，从原作中选取出最有价值的内容，遵循篇章构建的一般规律，基本按照原作的时间先后和逻辑顺序组织行文，再按照翻译的一般原则，将其译成目的语的过程。编译与全译的一个主要区别在于它可以压缩原文。压缩具有伸缩度，即编译文字的篇幅可长可短，由编译者根据原文内容和实际需要自行决定。编译适合于新闻消息的翻译，其原因有二：一是可以节省翻译时间，符合消息报道及时性特点；二是保留了原文的精华即最重要、最有价值的信息，删去芜杂的细节，其结果是既节省了报纸的篇幅、广播电视的报道时间和读者的阅读收看时间，又增强了消息的可读性。

　　英语消息报道文字有时超过百行，除非是特别重大的消息，一般没有必要逐字逐句地全译，一些次要的信息可略去。编译的语言既可以是原话如消息中的直接引语，也可以是编译者自己的话，有时甚至允许译者根据消息的重心和译语读者的文化和认知心理重拟标题。在原文没有概括性的导语时，译者自己可以归纳原文的主要思想作为编译文的导语。编译不允许译者发表个人观点，但允许译者从消息原文中提炼归纳观点。编译有自己的文体风格，那就是准确、顺畅、精练、灵活。编译还对译者提出了很高的要求，他不但要有一定的语言和专业知识、相当的翻译水平，而且还要有善于鉴别、巧于剪裁、加工整理的功力。应注意的是，编译必须囊括原文的主要内容，编译者不能随意地割裂和打碎原文的篇章结构（段落结构可以重组），仅仅根据个人的需要或喜好零零星星地从原文中选取一些内容，否则编译就变成了摘译。编译方法有宏观和微观之分：微观方法主要有五种：摘取、合并、概括、调序、转述；宏观方法则包括段内编译、段际编译、篇内编译、篇际编译、书内编译、书际编译。编译的最小语言单位是段，往上再是篇（章）和书，篇和书的数量可以是一，也可以不定，不过篇际和书际的编译原作数量最好不超过五。编译的原则大致有七种：译前的编辑性、主题的明确性、材料的集中性、材料的典型性、详略的得体性、结构的调整性、篇幅的合理性。

编译七原则的具体内容包括以下几点。

（1）译前的编辑性

通常，编译是先编后译，至少是边编边译，很少是先译后编的，所以在译之前，需要一定的加工或预处理。预处理或加工是指将原作制成符合读者阅读兴趣、达到规范的行为，有些原作逻辑性不强，有的原作篇幅过长，因而需要采取摘、调、并等编辑手段进行预加工。

预处理包括两个方面：一方面是确定信息与接受者的相关性。人们比较关心与自己兴趣有关的信息，因而译者对原作进行筛选，摘取所需信息。另一方面是初步调整原作的结构。原作因本身逻辑思维上的混乱而导致语言上的无序，译者必须予以纠正；或者译者按照自己的写作手法，或者是根据译文的潜在读者的兴趣，对原作的结构进行调整。

（2）主题的明确性

主题集中，是说一段话、一篇文章或一本书都只能有一个主题，它是篇章的灵魂、材料的统帅。如果一段、一文或一书面面俱到，只会是蜻蜓点水、东拉西扯，如同数箭乱发，目标不一。同时编译者只专注原作中的某一方面，而不及其他也是不行的。主题集中的另一层意思是，确定主题后，要始终保持不变，行文要意随笔行，不偏不离，不节外生枝。编译的作用还在于深化主题，明确中心。方法是着眼于文章的内容，通读全文，看写作意图是否清楚，主题是否明确，重复的是否必要。编译的目的是把极端的编得全面，把面面俱到的编得重点突出，把主题不明确的编得观点鲜明。

（3）材料的集中性

通过编辑使主题明确后，主题和论点就可以统帅材料，使材料足以说明主题和论点，求得主题论点与材料的统一。材料过多会使文章臃肿，甚至会淹没主题论点，这时就要删掉多余的无关紧要的材料。材料不在多，而在精，在于有序，在于例证严密，从而具有说服力。如果作者没有精选材料，译者有必要替他再加工，用材以一当十，刻意炼意，深挖内蕴。

（4）材料的典型性

删除不必要的材料和细节，减少用词数量，是压缩篇幅的成功方法。不要在译作中提供不必要的背景知识和多余的解释性描述，信息量大并不等于质一定好。

（5）详略的得体性

在编译过程中，可根据主题、文体、新旧和读者等方面决定原文内容的详略程度。按主题需要决定详略，有利于突出主题者宜用详笔，反之用略笔；有利于直接反映主题内容者详，反之宜略。文字表达手段有四种：描写、叙述、议论和说明，其详略程度是：描写＞叙述＞议论＞说明。据见解的新旧确定详略，新思想、新理论、新技术是作者独到的见解，是读者最关心最喜欢的内容，必须详译，反之略译；按读者的需要确定详略，众所周知的内容、可想而知的内容应略译，读者生疏的内容，不太了解的又必需的内容应详译。

（6）结构的调整性

文章贵在言之有序，不同文体结构的方法不尽相同。如记叙文记人记事，状物写景要厘清时间顺序和空间顺序，做到言之有序。如有的原文在时间上呈无序状态，读来杂乱，不通畅。编译者若按照年代顺序来定，叙述则井然有序，脉络畅通。结构的调整要考虑全文的布局，如开头是否引人入胜，结尾是否深刻有力，各段的中心意思是否明确，段与段之间的内在联系是否紧密。过渡段衔接是否自然，层次脉络是否分明，前后照应是否得当等。

（7）篇幅的合理性

有的原作篇幅过长，其主要原因是内容太多，措辞造句繁琐。篇幅和长短，应根据文章的内容、报刊和读者的要求确定。

2. 摘译

随着科技的发展，摘译作为翻译的一种变体越来越显出其重要性。在科技文卫新闻翻译方面，摘译有着不可取代的优势。顾名思义，"摘译"是根据翻译的特定要求从原文文献（一文或一书）中选取部分进行翻译，以反映该文献的主题内容或译文读者感兴趣的部分内容。

所谓摘译就是译者摘取一些认为重要的，或者说传达了重要信息的段落或内容作为翻译对象进行翻译。摘译不同于编译，后者必须保持原文的整体框架，在内容上可以进行取舍整合，而前者是根据所需从原文中零星地抽取，一旦确定抽取的内容后，则必须完整地将其翻译出来。在知识爆炸的当今时代，面对信息的海洋，知识信息的摄取方式显得尤为重要。摘译具有快捷、有的放矢的特点，因此成了国外信息开发特别是科技信息开发的重要手段。

新闻消息的翻译采用摘译的形式有两种：一种是摘取国外科技新闻中最关键的段落翻译，把国外科技前沿的最新动态以最快的速度介绍给本国读者特别是科技工作者；另一种是抽取原消息中最重要的段落或内容翻译，然后组织成文构成一篇完整的消息。

摘译行为的本质是"选取"，在这一点上它与节译、删译和选译相似，摘译最适于科技文献的翻译。科技文献的发表，就是为了传播新思想、新理论、新技术、新发明等，奉献给人类的是作者独到的见解，也是读者最关心、最喜欢的内容，摘译者也必须突出这一"新"字，可对原文形式作较大的删减，去芜存菁，有时还要去伪存真，保留有效的科学的科技信息。

摘译的基本原则包括以下几点。

（1）整体性原则

摘译是相对于全译而采取的变体形式，部分是相对于整体而言的。一文一书在手，只有先了解其基本结构，才能有所摘，有所选。在一篇文献中，何处信息重要，何处信息次之，摘译者必须心中有数，把握全貌。只有胸怀全篇，才能取己所需。省去部分内容后，从宏观上看，必须注意剩下部分的关联问题，使上下文贯通，确保原文宏观结构上的完整性。

（2）针对性原则

译介域外文献，是为了让国内读者了解世界文化，促进自身的完善与发展，只有最新最重要的、读者最感兴趣的信息才能为我所用，尤其是在科技方面。科海浩森，信息无边，必须有针对性地翻译域外科技文献中的新理论、新观点、新技术、新工艺、新设备等，以抓住世界科技发展的脉搏。

（3）简要性原则

瞄准了新意（就新闻而言则是事实和重要观点），传达过来的信息还需简单明了。由于西方文字语言的形态丰满，注重描述，加上某些作者语言不简练，作文不得要领，详略不当，主次不分等，摘译者在理解原文主旨的前提下，可以削掉一些枝节，让主题变得鲜明、文字更精练、中心更突出。

（4）重要性原则

一篇文献总有主次之分、轻重之别，具体而言，一部文学作品有其精彩的华章，一篇科技论文有其核心内容、出新出奇之处，那么这些精彩、新奇的部分（就新闻而言则是事实真相），即是译文读者感兴趣的对象。任何开头、引言、中间插曲、题外话等都是陪衬，摘译就是要突出重点，反映中心，不能主次均衡，更不能主次颠倒。

（5）选择性原则

无论是摘译文献的中心内容，还是摘译文献中的某一部分，都具有选择性。前者的选择对象要多些，后者则少些。如果文献的中心内容涉及面广，则要面面俱到。如果一文一书中涉及某一领域的诸多问题，而摘译者或译文的读者只对其中的相关问题感兴趣，那么这个问题就是摘译的对象。

（6）客观性原则

删除文献中的次要部分后，应客观地对待剩余部分，翻译方式同全译一样，不可加入摘译者的个人观点，不采用批判性态度，对原文不加评述与概括，只是在删节后句与句、段与段、节与节、章与章之间应加入少量的必要的关联词或关联句，以保证作者思想的相对完整性。

新闻翻译中常用的摘译方法主要是删词法、删句法和删段法。除了编译和摘译外，新闻翻译还可采用改译、译述、综述、述评、译写、参译等手段。在翻译实践中，这些翻译变体可以交替融合运用，其目的就是要快、准、精、简、好地为受众服务，使他们最及时地知晓国外发生的重大、有价值、令人感兴趣、对人有益、促人上进的一切新闻信息。

第二节　新闻标题的翻译

新闻一般由标题、导语、主体、背景和结尾组成。新闻可以没有导语和背景，但不能没有标题，有人用"题好一半文"来强调标题的重要性。这好比做事情，开头非常重要，一个好标题，一方面能给一篇新闻或文章添辉增彩，起到画龙点睛的作用，另一方面又能打动读者，吸引读者往下看。而一般化的标题却难以打动人、唤起人们阅读的兴趣，反而给好文章挡了驾。因此，好标题是"媒"，是"诱"，能使读者自觉自愿地去亲近文章；而平淡的标题则是"离间者"，它拉大了读者与文章的距离，甚至扼杀读者的阅读愿望。我们的时代是一个生活节奏不断加快的时代，人们看报的时间都是挤出来的。因而有很多读者看报纸是看题不看文，或者忙时先看题，题目好，闲时再看文。有人说，报纸争取读者的竞争，很大程度上是始于标题的竞争，这话是颇有道理的。

好的标题能够永远留驻在人们的记忆里，标题的撰写有三条基本原则，即准确具体、鲜明简洁、生动活泼，标题作为新闻的一个很重要的组成部分一直受到各大报刊的重视。

一、新闻标题的词汇特点

（一）名词与简短小词的使用

一般说来，报刊、杂志的刊头空间是极其宝贵的，应当以最小的篇幅容纳最大的信息量。而有时，标题信息需要用句子来表达。为节省空间，句子中的虚词被省去，结果剩下的主要是实词，特别是名词。有时甚至短语型的标题也将其中的虚词省略，这样就出现了名词并置的现象。再从名词本身来看，它具有很强的表意功能，信息含量大，同时又具有广泛的语法兼容性。它可以充当多种词类如形容词、动词、副词等，可以以简约的结构形式表达完整的句法概念，这正好可以缓解刊头篇幅的紧张。因此，英语新闻标题中名词占绝大部分。名词连用现象在英语标题中极为普遍。例如，The Population Surprise（人口减少）、Borderline Insanity（国境线上的疯狂）、The Columbine Tapes（影带惊魂）、London Taxi Drivers（伦敦出租车司机）等。

在以上名词短语中，最后一个名词前的其他名词实际上充当形容词的作用。名词用作形容词是当代英语走向简练的一个标志，这种倾向在英语标题中尤其明显。复合名词、动名词、缩略语都属于名词短语范畴，它们不仅可以代替形容词，还具有代替词组和从句的功能。

名词连用有时会导致歧义，从而给理解带来困难。例如，Labour Milestone 中的 Labour 是指工党（Labour Party）还是指劳工运动（Labour Movement），抑或具有其他含义？不看文章内容是无法判定的。又如 State Government Staff Burn Bags，在现代美国英语中 Burn Bags 指"待销毁的保密文件包"，这个标题可以理解为州政府工作人员的待销毁保密文件包。同时，这个标题也可以当作一个句子来理解，表示发生了一件事，即州政府工作人员把保密文件包烧毁了。

报刊标题一般忌讳移行，但如何在刊头有限的空间内容纳下标题呢？英语广泛地使用小词来解决这一问题。小词的特点是字母较少，词义宽泛且生动灵活，为新闻工作者所青睐。

（二）"时髦词"的使用

"新"是新闻语言的生命，这是由新闻所报道的内容决定的。新闻报道最紧跟时代的脉搏，与社会生活息息相关。一切新事物、新现象、新思想、新风尚总是首先出现在新闻媒介上，然后传递到人民大众中去。而表达这些新事物的词就是所谓的"时髦词"，即新词新语。

新词的产生有两个途径：一是自创，二是从其他语言借用。例如，汉语中的如"信息高速公路""后信息社会""无缝隙服务""数字化生存"，"网络空间""网上购物""脱口秀"等，在这些语境中它们已完全脱离了本意，英语中同样存在着大量的时髦词语，这些词语反映了时代发展的轨迹。时髦语可分为两种类型：一类为旧词赋新义，如 Clone 由"无性系繁殖"泛化为"复制"（Copy），Bug 由"机器的毛病"窄化为特指"计算机千年虫问题"等。

时髦词语是时代的产物，是社会经济变革和科学技术革命的结晶，但是否能经受得住时间的考验，还需考证。

（三）缩略语与数字的使用

与小词一样，标题中使用缩略语也是缘于刊头篇幅极其有限。英语缩略语分为两种：一种叫缩短词，即缩略词中一部分字母，如将 Zoological Gardens 的下划线部分略去得到缩短词 Zoo；另一种叫首字母缩略词，即将词组中主要词的开首字母连成一个词，如 Laser＝Light Amplification by Stimulated Emission of Radiation。使用缩略语可以尽可能地减少标题字母数，节省刊头空间，避免标题移行。

鉴于缩略语在标题中的使用频率越来越高，现将经常见诸中外英文报刊的缩略语介绍如下：UN＝United Nations 联合国、GA＝General Assembly 联合国大会。

英语标题中的缩略语一般限于地名、人名、公司名、政府机关名等专有名称及头衔、月份、星期名。除了使用缩略语外，新闻标题特别是财经新闻标题经常使用数字来突出关键信息。例如，原文：Kings Rout Rockets，101—74.译文：国王队击败火箭队，比分为 101 比 74。

二、新闻标题的语法特点

（一）现在时的使用

英语新闻句子型标题广泛地使用现在时特别是一般现在时代替几乎所有的时态，这是英语新闻一脉相承的传统。同时，现在时可以突出已发事件的现实感和新鲜感，拉近读者与阅读对象的情感距离，这种时态在新闻学中叫作 Journalistic Present Tense（新闻现在时），与文学作品里的"历史现在时"（Historical Present Tense）作用相似。例如：原文：French Culture Is In The Doldrums.译文：法国文化颓然不振。

但是有时为了强调某种时间信息如事情已经过去、正在进行或者仍未发生，标题也常用其他非一般现在时时态。例如，原文：It Was a Good Barn.

译文：以前，它曾是座好谷仓。

（二）非谓语动词的使用

英语中的非谓语动词包括不定式、动名词和分词，英语丰富多样的表达形式使新闻工作者在传达讯息时可有多种选择。

英语新闻标题中动词的将来时可以用"Will＋动词原形"结构表达，如 Cash Will Flow at Car Wash（洗车赚大钱），但更多地直接用动词不定式表达，如上面最后一例。当动词不定式与前面的名词连用表示将来时时，其间的系动词 be 通常被省略。之所以用动词不定式表示未来动作，大概是其标志 to 比一般将来时的 Will 字母少，表达更简洁，故在表达将来动作时更受新闻工作者青睐。

英语新闻标题在表示被动语态时一般不用"be＋过去分词"结构，而是直接将过去分词放在动作的接受者后边，be 被省略，而且经常不用"by"来引出动作的执行者，如上面第三例。这是由标题本身简练和突出关键信息的特点决定的。在有些新闻报道中，动作的受事者比执行者更重要或者不知道（或不能马上知道）执行者，这时使用被动语态更合适，便于读者以最快的速度了解什么人发生了什么事。而标题中的"名词＋现在分词"结构常常表示正在发生的事件，它实际上是"名词＋be＋现在分词"结构的变体，其中的现在分词表示正在进行的动作，如上面最后一例。

除了非谓语动词外，英语标题还大量地使用介词短语和形容词短语，尤其是前者。

（三）省略的使用

几乎每个标题中都有省略，省略一切无实意的词语可以大大缩短标题的长度，做到言简意赅，突出核心信息。标题中可以省略的词包括冠词、介词、连词、系动词 be 等，有时在共同的语言文化背景下实词也可以省略。

三、新闻标题的形式特点

新闻标题的形式与新闻的正文（其他文体亦然）相比有自己鲜明的特点，下面从标点符号和语言单位两方面加以归纳总结。

（一）逗号、冒号、破折号和引号的大量使用

标题中常使用的标点符号有逗号、冒号、破折号和引号（疑问句后的问号因其作用有限不予讨论），其作用为划分意群，替代词语、强调信息和突出真实感。

（二）标题形式有词组型和句子型

从语言单位来看，构成英语新闻标题的有单词、词组和句子。单词型标题的使用频率较低，词组和句子是制作标题的主要手段。下面对词组和句子类型的标题进行简要归纳。

1. 词组型标题

（1）名词词组

名词词组是最常见的词组型标题，它又可分为五类。

① 名词＋后置修饰语（包括定语从句、介词短语、形容词短语、分词短语和动词不定式等）。

② 前置修饰语（名词、冠词、形容词等）＋名词。例如，Michael Jordan's Farewell Speech 乔丹的告别演讲、The Shadows 影子，等等。

③ "名词＋AND＋名词"结构。例如，Desperation And Lunacy 绝望欲狂、Blood，Sweat and Tear 辛酸血泪，等等。

④ 动名词短语。例如，Hanging Up Their Hats 警察传统锥形头盔将束之高阁，等等。

⑤ 类名词短语（此类短语相当于名词的语法功能）。例如，How to Price

Your Products and Services 如何为你的产品和劳务定价，等等。

（2）介词短语

介词短语是介词和其他代词或名词或词组搭配形成的短语。例如，On the Road to Parliament 通向议会的道路等。

2. 句子型标题

这种类型的标题包括非完全句、完全句和句子组合，其中非完全句又可看作名词词组（如名词＋现在分词或过去分词结构）；完全句包括简单句和复杂句，简单句还可分为陈述句、疑问句和祈使句，简单句是现代英语新闻标题中与名词词组具有同等重要性的表达范式。

四、中英文新闻标题的主要区别

了解中英文标题的异同是进行准确翻译的前提，任何事物都有共性和个性，中英文标题也不例外。简洁和真实是二者最突出的共性，但不同的语言文化背景和新闻传统使中英文标题各具有自己鲜明的特色。

（一）词汇的区别

从词汇来看，中文标题喜用动词，英文标题偏爱名词。相同点是两者都喜用缩略语（汉语中如"武警""政协""入世""安理会""长航"等）、"小词"及大众化用词和时髦用语。

（二）时态的区别

从语法来看，英语标题多用一般现在时、现在进行时和一般将来时，时态标志明显，汉语常用现在时、进行时、将来时和过去时。汉语标题的现在时一般通过语义暗示，时态标志不明显，但能像英语一样代替过去时。汉语中没有非谓语动词，但可以用偏正结构发挥英语中"名词＋分词/不定式/其他后置修饰语"结构的功能。

41

英语中的动名词短语标题和不定式短语标题可与汉语中的动词短语标题对应。汉语标题中也有成分省略，但与英语略有不同。汉语标题可以省略主语，英语则不行；汉语标题中很少用虚词和系动词"是"，没有冠词，这些在英语标题中都可省略。汉语标题中的"名词＋介词短语"结构在英语标题中使用频率很高，反映了欧化句法对我国新闻工作者的影响。

（三）修辞的区别

从修辞来看，英汉标题风格各异。汉语标题更重文采，讲究对仗和押韵；英文标题则显得质朴平淡，重在铺陈事实。英语新闻标题中使用的修辞格有限，较常用的有典故、比喻、拟人、谐音、头韵、重复、双关、移位修辞、倒装等；汉语则常用排比、重叠、借代、回环、警句、倒装、顶真、对偶、比拟、双关、委婉、衬托等。某些修辞格如头韵、回环、顶真、衬托分别为英汉语所独有。

（四）标点符号的区别

从标点符号的使用来看，汉语标题常用逗号、感叹号、破折号、引号、省略号、括号、间隔号和问号；英语标题多用逗号、冒号、破折号、问号、感叹号、所有格符号、斜线符号和引号。汉语标题一般不用冒号、斜线符号和所有格符号，英语标题一般不用省略号、间隔号和括号。问号在英语标题中大都作为一般疑问句的标志，在汉语标题中则用在反义疑问句和设问句之后，因而更有力量。破折号在中英文标题中的作用也不完全一样：在英语标题中破折号起连接话语和补充信息的作用，可代替系动词 be 等；在汉语新闻中破折号还可表示意思的递进和转折。引号在英汉语中都可用来强调关键信息，引出原话，在汉语标题中引号还可表示所引内容别有含义或反话或夸张。中英文标题都有省略标点符号的情况：汉语通过留出空间或转行分成两个或三个标题省略，题意仍然清楚；英语为求简练强行省略，故有时题意含混。相同之处在于逗号和感叹号都是分别用来划分意群和表达强烈感情。

（五）结构形式的区别

从语言形式看，汉语没有大小写。汉语新闻标题可以是词组也可以是句子，大多采用偏正式结构，也有的采用联合结构、连动结构、动宾结构、陈述句式、疑问句式等。英语新闻标题多用名词中心语＋后置修饰语（分词、不定式、介词和形容词短语）结构和简单句。从结构形式看，汉语标题可分为四种类型：引题＋主题＋副题，引题＋主题，主题＋副题，主题。而英语标题有两种：主题＋副题，主题（前者主要用于地方新闻报纸，后者流行于英美主要报刊和通讯社）。

五、新闻标题的基本翻译技巧

根据新闻内容准确理解标题是翻译的前提条件。标题有自己独特的语法系统和语言形式特征，所以翻译应当使用标题语法和语言，保持标题的本来面目。在进行英汉标题互译时，应充分考虑两者的差异性，兼顾译入语的表达习惯。碰到无法直接转换的情形，不妨舍弃原标题语言外形，根据内容意译。下面简要谈谈中英文标题的翻译。

（一）英文标题汉译的基本技巧

语言简练是英汉标题的共同特征。翻译时，可采用省词法、缩略语、文言概括等手段保持这一风格。英文标题质朴平淡，汉语标题讲究文采，因而要充分发挥汉语优势。汉语标题注重交代新闻事件关涉的人名、地名、人物身份和国籍、具体主题背景等，英语标题有时忽略这些细节。因此，汉译时需要采用增词法作补充性介绍，以利中国读者的理解。对于英文标题中的修辞手段，如果汉语有对应的修辞手段，则尽量直译。若难以与汉语契合，可换用其他辞格进行补偿，或者按内容意译。

当英语的表达方式与汉语完全或基本相同时，可采用直译，但直译不能影响准确达意，不能破坏标题风格。当标题直译不能准确概括新闻的内容或凸显作者的意图或者不合汉语的表达习惯时，不妨采用意译法。有些在汉语新闻标题中一般都作交代的新闻要素和背景信息（如人名、地名、身份、国籍等）在英语新闻标题中有时不交代，这就要求运用增词法。另外，有些英语标题直译时需要增补词语才符合汉语习惯。

减词法的目的有二：一是尽可能减去原标题中的虚词、代词、系动词等以求语言简练；二是省略标题中次要信息以突出最关键信息，同时也符合汉语标题讲究含蓄的特点。

如果标题直译无法准确表达文章内容，可换一个角度，从反面着笔，反而更达意。翻译不应拘泥于原文语言形式，要放得开手脚，做到得"意"忘"形"不忘"本"（即标题的本质特征）。

标点符号就是标出思想，摆正词和词之间的相互关系，使句子易懂，声调准确。在标题翻译中，标点用得恰当，可使所译标题更简洁、明白、晓畅，更能抓住读者的注意力。

标题中运用修辞格可以增强语言表现力，制造新奇别致的效果。英汉修辞格系统不完全对应，即便是同一辞格也难以做到直接转换。翻译修辞格的关键在于正确理解，在不能保持原修辞格时，可换用其他辞格补偿或采用意译。

（二）汉语标题英译的基本技巧

中英标题风格各异，翻译时，应适当照顾英文标题的特点。为了达意，汉语标题中的修辞手段有时要做出牺牲，汉语标题的语言结构形式有时要打破重组以契合英文标题的习惯特征，如变汉语的偏正式结构为英语的"名词中心语＋后置修饰语"结构。

第三节　新闻消息的翻译

日常生活中，我们常说"告诉你个消息"。这里的消息并不一定是新闻，因为它不一定是"新近"发生的事。狭义的新闻指的就是消息（News Story），可以和消息互换使用，广义的新闻还包括通讯、特写、报道等。消息可以定义为一种迅速、简要地报道新近发生的事实的新闻体裁。消息和通讯是最常见的两种新闻体裁，都具有真实、新鲜、及时的特征，两者的区别在于：内容上，消息简单地报道发生了什么事，不多写情节，通讯则详细具体地报道前因后果，展示情节；表现手法上，消息以叙述为主，通讯则综合采用叙述、描写、议论、抒情等多种手法，表现生动形象。

消息的特点可概括为八个字：迅速、准确、明了、简短。时效性是消息的生命，再重要、再轰动的消息一旦过时就无人问津。消息的种类有动态消息、综合报道、典型报道、公报式报道等。以内容分类，有政府新闻、经济新闻、文教新闻、社会新闻等。用电报传递的消息称"电讯"，特别简短的称"简讯"或"简明新闻"。

消息拥有最多的受众，为当代生活不可或缺，因而要求其语言具有较高的可读性，以适合不同文化层次的读者。作品（包括新闻作品）文字可读性的研究始于西方，比较重要的研究成果有罗伯特·根宁公式，其标准如下。

一是句子的形式。句子越简单，其可读性越大。

二是迷雾系数（Fog Index），指词汇抽象和深奥难懂的程度。迷雾系数越大，其可读性越小。

三是人情味成分。新闻当中含人情味成分越多，其可读性越大。

这三条标准似乎概括了中英文消息语言的主要特点。当然，新闻内容同样影响可读性。因此，要求记者采访与众不同的、有特色的、戏剧性的、浪漫的、动人心魄的、独一无二的、奇妙的、幽默的、别出心裁的新闻。鸡毛蒜皮的家庭琐事吸引不了读者，也不可能成为新闻。消息作为一种成熟的新闻范式，在构成要素和报道形式上有迥异于文学作品的特征。

一、新闻消息的构成

消息（新闻）一般由标题、导语、主体、背景和结尾组成，但不是每篇新闻都具有这五个部分，有的新闻就没有导语和背景。

导语是消息中具有可听性或可读性的特殊开头，可以是一个句子，也可以是一段话。导语有三种作用：反映新闻的要点，确定新闻的基调，唤起受众的注意。导语不能像文学作品的开头那样故布迷雾，而应当开门见山，一下子就抓住读者的注意力，引起受众的兴趣并产生共鸣。

消息主体指导语之后、全篇末尾一句话或一段话（前提是这句话或这段话为结尾）之前的那一部分。消息主体的任务是解释和深化导语，补充导语所没有的新事实。导语由于篇幅有限，不可能把事实或信息说得很详细，更不可能罗列所有的细节，导语所不能完成的事情理所当然由主体来完成。

消息（新闻）背景指用来对新闻事实进行解释的所有事实材料。消息需要交代背景有三个原因：事物的纵向发展、事物的横向联系、新的事物层出不穷。新闻背景有助于在多层次多维度上把新闻事实详细彻底、清楚明了地介绍给受众，不同种类的背景材料作用不同。对比性背景材料可以显露新闻事实的特点和意义，阐明新闻的主题，表达记者的观点。说明性背景材料可以使新闻更容易理解，内容更全面深刻，意义更突出。

注释性背景材料可以使新闻的言辞更通俗易懂，使受众增长知识和见闻。消息背景材料的位置很灵活，可以出现在导语或主体中。

消息的结尾是指文末的结语（最后一句或最后一段），可以是概括事实，也可以是抒发感想，还可以是作出展望。有的消息收尾如羚羊挂角不着痕迹，很难分辨出结尾。这种情形可以看作结尾隐含在主体之中，或者没有结尾。

消息的五个结构要素在实际新闻报道中不一定样样具备，但标题必不可少。有些简讯（要闻）只有标题和主体，甚至有的新闻简略到只有标题，即所谓标题新闻。有些消息包含标题、导语和主体，还有的消息五脏俱全，从标题到结尾五要素一个不少。消息构成要素的这种差别是由实际需要和记者的创作风格决定的。

另外，从消息内容的整体编排来看，消息的结构类型又可划分为以下几种。

一是倒金字塔式结构。把最重要的内容放在新闻的最前面，随后按重要性递减依次排列其他内容。它的优点是能迅速地把最新鲜、最重要的事实，开门见山地告诉读者，使读者一目了然，节省读报时间。

二是金字塔式结构，又称"逆转倒金字塔式结构"，把最重要、最精彩的内容放在后面，按时间顺序依次叙述。

三是菱形式结构。这是一种"两头小，中间大"的结构，因新闻的主要内容比较复杂，导语中容纳不下，也不能概括表达，适于在主题中分段表达。

四是车辐式结构。以一个中心事件或事物为纲，其他事实像车辐一样射出去。宜于报道比较散的事件。

五是并列式结构。把众多主要事实并列叙述，适于报道事实各部分重要性相等或相似的新闻，多见于公报式新闻。

二、新闻消息报道的主要形式

从消息的传播介质看，有纸介质、声音介质和图像介质。报纸文字新闻属于纸介质，广播新闻属于声音介质，而电视新闻则是将三种介质融为一体，其中又以图像介质最为重要。本书的研究对象主要是纸介质形式的新闻，下面首先谈谈广播新闻和电视新闻。

（一）广播新闻

广播新闻是运用音响和口语传播新闻的一种形式，其体裁有以下几种。

1. 口播新闻

口播新闻是由播音员播送的新闻，比文字新闻更简洁明了，如中央人民广播电台、BBC、VOA 的新闻广播。

2. 录音报道

录音报道采用现场音响报道新闻事件，比文字报道更真切、具体、生动，有立体感和感染力。

3. 现场报道

记者在新闻事件的现场，直接向听众报道新闻，可以先录音后剪辑广播，也可以在新闻事件发生的同时直接广播。

4. 广播讲话

由某个人物通过广播直接向听众发表讲话，讲话者通常是具有权威性或代表性的人物。

5. 实况转播

实况转播又称实况广播。以广播现场实况为主，广播员只做必要的背景说明或描述。通常用于重要的集会和体育、文艺活动。

6. 录音剪辑

录音剪辑是将实况录音压缩、剪辑后播出的报道。

7. 配乐广播

配以音乐和音响效果的报道。音乐和音响起烘托、渲染作用，主体是报道新闻事件。

（二）电视新闻

电视新闻指电视台播放的新近发生的事实的图像报道，是作用于人们视觉器官和听觉器官的现代化的新闻形式，如大家熟悉的 CCTV 的新闻联播、ABC 和 BBC 的新闻报道等。

电视新闻把事实的本来面貌具体、形象地呈现在观众面前，让观众自己判断，使观众感到亲切、可信，现场直播更使观众有身临其境之感。电视新闻既具有一般新闻的特点，如真实、简明、新闻要素齐全等；在表现上又有自身的特色，如没有新闻导语，不采用"倒金字塔式结构"，编排时服从视觉规律，以记者访问为重要报道形式等。

此外，随着因特网的迅速发展，个人计算机和网民数量的不断增长，促使网上新闻成为消息的又一传播渠道，中外各大通讯社、报纸、电视广播新闻通过因特网把自己的消息传到世界各地。

三、新闻消息语言的基本特点

从句法形式看，中英文消息大量使用直接引语和间接引语。消息中运用引语时一般说来都有说话人真实具体的姓名，引语在消息中的广泛运用是由消息的特性和引语的作用决定的。无论英语还是汉语，引语都有这样几个相同作用：一是使报道更显得客观、真实、可信；二是使报道更加生动、活泼，增添色彩；三是权威人士的引语，能增加报道的权威性；四是穿插使用引语，还能使报道富于变化。

另外，中英文消息多采用"扩展的简单句"（The Expanded Simple Sentence）和主动语态，这是由消息重简洁重客观的特点所决定的。简单句易于理解，适合各文化层次的读者阅读和收听，而且便于清晰地行文，避免事实和细节的交错盘结，使读者对消息的来龙去脉了然于胸。主动语态则可使读者产生一种直接感，使叙述具有无可置疑的"直言不讳"的效果。扩展简单句的手段是插入定语、状语、同位语、并列成分等。消息报道语体的基本句子结构有以下几种。

一是 SV：Subject＋Verb（主谓结构）。

二是 SVP：Subject＋Verb＋Predicative（主谓表结构）。

三是 SVO：Subject＋Verb＋Object（主谓宾结构）。

从词法来看，消息一方面喜用新词和借词（经常在报道中借用相关领域如体育、军事、科技、工农业、商业、娱乐业、文学等领域的词语），即便是一条普通的消息，经过语言包装，也能产生新奇、别致、意味深长的效果，从而吸引更多的受众；另一方面消息格式固定、套话很多，这是由新闻报道必须迅速的特点决定的。

借助于固定的格式套话，新闻稿件的撰写者能以最快的速度将消息写好并发送出去，供新闻媒体选用。英语消息中的套话如 Informative sources（消息灵通人士）、No comments（无可奉告）等；汉语则有"据了解""据悉""获悉""（另）据报道""据某某介绍""某某说/指出/强调""最近""目前"等。

另外，任何一个时期的新闻报道中都存在所谓的流行词汇——有些本来"默默无闻"的词汇因与当时的某一重大历史事件或现象相关而在媒介上频频"曝光"。任何较重大的事件都能汇聚一定量的高频词汇，我们称之为新闻流行语汇集合，集合的中心就是表示该事件或现象的词语。汉语以大众媒介采用率较高的"高新技术"一词为例，新闻报道的一些热门语词像"纳米技术""航天飞机""转基因作物""虚拟现实""数字地球"与之即呈现出集合关系。

四、中英文新闻消息的差异

在西方，所谓消息指的是纯新闻（Hard News），所以英语消息的范围比汉语消息小得多。这种差别在下面中西方新闻报道分类的比较中可以看得很分明，如图 2-3-1 所示。

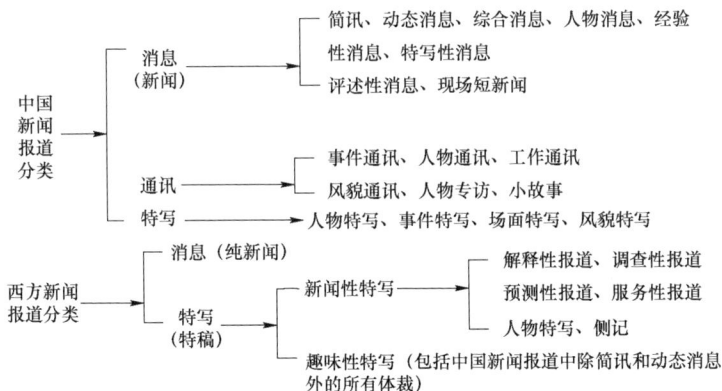

图 2-3-1　中西方新闻报道分类

西方记者认为，消息只关心报道事实，而特写则容许用讲故事的技巧，可在报道中糅进自己的感情和想法。据此，英语里的消息相当于汉语的动态消息，英语里的 News Story 可能是汉语里的消息或者通讯。

西方新闻学中所谓的"新闻性特写"指的是对当前公众感兴趣的事件或形势所写的时间性很强的报道，具有新闻价值，所使用的语言带有人情味。"趣味性特写"没有任何新闻价值，内容以奇闻趣事为主以满足受众的好奇心和娱乐消遣心理。

从中英文消息的共核即纯新闻来看，其结构形式和语言运用存在某些差异。

一是从消息的标题结构看，英语显得比较单一，没有汉语富于变化，上章已作介绍，这里不再赘言。

二还是在消息标题和正文之间，汉语不插入任何信息，英语插入时间（月、日、时、分，地方性消息把时间置于标题之前）、作者名和报纸名。

三是从消息正文的开头来看，汉语通常采用如下格式：（据）某通讯社某地某日电（如新华社耶路撒冷 4 月 22 日电）；本报讯；本报综合消息；本报某地消息（如本报南京消息）；本报某地某日讯；据某报报道；某国某报某日报道。

通过比较可以发现，中英文消息开头有两个显著区别：英语消息的时间观念比汉语更强（前者精确到分钟，在地方性新闻中甚至将时间置于标题之前；后者只标明日期）；英语比汉语更突出消息的作者，前者将作者名（若是有的话）固定地置于标题和正文之间，而汉语消息则将作者名插入正文开头和正文主体之间并用括号括起或者干脆置于文末。

四是英语消息比汉语消息更多地使用直接引语，而且使用得更灵活巧妙。汉语使用直接引语通常是整段整篇地引用；英语则可能是抽取原话中的一个关键词或短语，或者将原话切分成几个部分糅合到间接引语或叙述中去。

五、新闻消息的英汉翻译

中英文消息的翻译也涉及"信"的问题。是忠实于原文的形式，还是忠实于原文的内容？本书认为应当忠实于原文的内容，原因有以下三点。

一是消息的翻译本质上是一种"事实"或信息的传递，内容是第一位的。

二是消息语言毕竟不同于文学作品的语言，后者是精雕细刻，前者是急就篇，因而语言质量不如后者，避免不了陈词滥调、含混词甚至夸夸其谈，文体学家称之为 Journalese，对这样的语言不妨大刀阔斧地删减，通过编译、变译、摘译等手段挖掘出原消息中货真价实的东西，以简短精练的语言迅速及时地介绍给译入语读者。

三是英汉语的表达形式不完全一致，因此为了忠实地传达原文的内容，译文的表达形式可以不同。

中英文消息的结构形式也不一样，翻译时应作结构形式转换，用译入语读者喜闻乐见的报道形式传递消息。例如，汉语消息喜用引题＋主题这种标题结构，而英语没有。英语中可供选择的标题结构有两种：主题或者主题＋副题。汉语的引题＋主题结构可通过舍弃引题或将引题与主题的信息合二为一的办法转换为英语的单一主题型结构。鉴于标题的重要性及英汉民族不同的社会历史文化背景和审美情趣，译者有时甚至可根据消息内容另拟标题。

（一）英文消息的汉译

同其他文体的翻译一样，消息翻译的前提是准确理解，英语中有些常见的词语在消息报道中另有他意。如下例中的 Currency 一词："The Primary Currency of the（SALT）Negotiations Became Limits on the Number of Launchers，Not Limits on Missiles or Their Characteristics，"Says Former SALT Negotiator Paul Nitze，"This has Proved to be the Wrong Currency." 理解 Currency 的确切含义是翻译全句的关键。一般英汉词典的释义是"货币""流通"和"流通时间"，这三个意思与原文的语境都难以契合。据《韦氏国际大词典》，Currency 可理解为 a Medium of Intellectual Exchange or Expression（交换意见的媒介），这其实是"货币"的引申义，却正好与上文的语境相吻合。因此全句可译为："过去战略武器限制谈判主要集中在对导弹发射架的数目而不是对导弹及其性能的限制上，"前谈判代表鲍尔·尼兹说道，"事实证明这样进行谈判是错误的。"

熟词熟语最易使译者掉进翻译的陷阱，同时有些新闻习语在记者笔下具有特殊含义，体现新闻文体的特色。下面列举一些，以引起大家的注意，如表 2-3-1 所示。

表 2-3-1　常见熟词熟语

熟词/新闻习语	常见意义	非常见意义
Story	故事	新闻
Art	艺术	技术、技巧
Stance	立场	姿态
Scenario	电影剧本	活动计划、办事程序
Regimen	政体	养生之道
Recorder	录音机	法官，律师
Impossible	不可能	极其糟糕
Umbrella	伞	核保护伞
Facility	程序、手续	诉讼

英语消息中大量使用直接引语，因此翻译引用的原话不能平铺直叙、千人一言，要考量说话人的身份、地位，要运用口语化的语言准确地再现说话人的口吻，听其言而知其音貌。新闻消息很多与一国的政治、军事、经济政策有关，因而消息的翻译政治性很强。译者应特别注意消息的作者以及消息报道中的人物的政治倾向及观点，翻译的一些基本技巧和方法在突出消息自身的文体特点和摒弃原文中草率、低劣的 Journalese，在纯洁文风方面可以发挥积极的作用。

（二）中文消息的英译

中文消息在结构、格式、语言等方面与英文消息存在差异，因此，翻译时首先要进行结构形式转换。在语言上，汉语里表达句子意义的定语可以用定语从句替换；汉语复合句中的分句可用英语的非定谓小句（如不定式和分词短语）表达；汉语提到人名时惯用全名，英语只用姓即可。

第四节　新闻导语的翻译

新闻报道并不是一开始就有导语的，最初，世界各国的新闻报道都沿用英国报纸早期的直写方式，写一篇消息如同写小说。直至 19 世纪 60 年代，美国爆发了南北战争，导语才与"倒金字塔结构"同时出现，这种包括新闻六要素（What、When、Who、Where、Why 和 How）的导语形式成为新闻报道区别于其他文体的重要标志。它一般指新闻的第一段或开头几段，以简练生动的文字表述新闻事件中最重要内容。导语在即时性新闻中必不可少，它决定了读者是否从首句抓住核心内容，从而判断是否继续阅读。同时，对于新闻工作者而言，导语集新闻价值本身和记者工作能力于一体，反映了记者最重要的文字基本功。

一、新闻导语的分类

（一）按照时间的远近点分类

1. 直接导语

新闻报道与新闻事件的发生，往往具有时间差：报道最快的，可能是当即、当天；报道慢的，可能是数日、数周。为了加强新闻报道的时间性，遇到最近发生的事实，就把时间要素突出地写进导语。遇到时隔多日的事实，它仍具有报道的价值，就在导语中回避时间要素，以其他形式开头，因而就有了直接导语和延缓导语的区别。

一般来说，直接导语表达明确，叙述直接，语言简练，它常用来处理时效性比较强的新闻。大量的新闻，特别是日报、通讯社、电台、电视台的新闻，多采用这种导语，因而它被人称为新闻写作的"载重马车"。

2. 延缓导语

延缓导语的风格与直接导语不同，它或强调事件结果，或是用一段情节开头，或是引用报道对象的讲话以造成一种气氛。它的主要事实不是一开始就报道出来，往往放在导语的后半部分。这种写法迂回、生动、有创见，给人以轻松、舒展之感。它能寻找一个比较新颖的叙述点，使几天、几周前发生的新闻事实仍具有新鲜感。同时，也更具可读性和趣味性。因此，有些记者对那些可以采用直接导语的新闻，也运用延缓导语开头。

在实际写作中，晚报常常需要采用延缓导语。这是因为许多重大新闻，日报、晨报已作了迅速的报道。晚报一般是中午截稿，在仅有的几个小时内，晚报记者很难挖掘出晨报没有报道的新材料，但又不能不对重大新闻作出反应。因而，晚报记者就采用延缓导语，以便同日报有所区别。另外，新闻杂志、新闻周报及各类专业报纸，往往也采用延缓导语写作。因为，它们很难报道当天的新闻，但又不能因为报纸、电台对许多重大新闻已作过报道而采取不理睬的态度，怎么办？出路只有寻找新的报道角度，以崭新的文字形式把已发生过的重大事件呈现在读者面前。因此，他们往往采用延缓导语报道重大新闻，把报道的重点放在解释新闻事件、阐述事件意义、提供背景材料上，而不去强调已经发生且妇孺皆知的事件。

（二）根据选取事实、反映事实的主要特点分类

1. 概述型导语

以概括的、直接陈述的方式写作的导语是概述型导语。这类导语的优点是事实、信息的传递最为简洁明了，可谓"直线交流"，极易为读者所理解。

（1）提炼与概括

记者要在纷杂的材料中提炼出精华，以平实自然的语言加以概括和直接陈述。

（2）具体的而非抽象的事实概述

人们认识事物的规律是由具体到抽象，具体的事物不但容易理解，也容易引起人们的兴趣，典型而具体的材料在导语中加以叙述可以吸引受众阅读。

2. 描述型导语

描述型导语，往往抓住新闻中的主要事实，或事件发展的高潮，或事物的某一有意义的侧面，或是某个特定的场景，做简洁传神的形象描写。通过描写，造成现场实感，以吸引读者。描述型导语，也有不同的种类，通常将它分作"目击式"和"特写式"。"目击式"往往强调记者或当事人的亲眼所见，"特写式"则不一定，至少在行文中不必特别指出。其实，无论是"目击式"还是"特写式"，都离不开记者的现场观察，这种区分并没有多大的意思。还有人将它分为"人物描写式""场景描写式"，这是根据描写的内容划分的，在写作中，人、物、事、场景有时很难分开，它们在写法上也没有明显的特异之处，只是笼统地把它们看作"描写式"就行了。

描述型导语的长处是显而易见的：一是有趣，能以形象的画面引起读者的好奇，令读者不能不读；二是能以情境感染读者，让读者先有感性认识，再对事实进行理性的思考，从而强化新闻的报道效果。

描写式导语以简洁的描写唤起读者的现场实感，着笔处往往是具有新闻价值的情境：第一，采访中勿忘捕捉有形的画面，即使未在现场，采访也应当做到"立体化"，让采访对象间接地为你提供一些情景。第二，导语所描写的画面必须与事件有内在联系，有助于揭示主题，不要游离于主题之外。导语是担负着"定音"的任务的，导语中的描写应有明确的目的性，不能为描写而描写。第三，用剪影的办法来写。描述型导语中的描写要以最精练的文字，三言两语勾画出事物或景物特有的状貌，不要挥洒。

3. 评论型导语

新闻报道以客观叙事为主，一般不允许记者在报道中大发议论，但也不排除在叙事过程中画龙点睛式的说理、议论。议论式导语往往采用夹叙夹议的方式，通过极有节制、极有分寸的评论，引出新闻事实，揭示新闻本质，以唤起读者的注意。言人之所未言，深刻而有新意。少而精，点到为止，不宜展开。

4. 橱窗式导语

如橱窗展示样品，由典型事例构成的导语，为橱窗式导语。橱窗式导语多用于综合性新闻，其特点在于它不是靠描写或议论，而是靠讲故事吸引读者。写入导语的具有代表性的故事，犹如一只小小的麻雀，五脏俱全，可供解剖。通过讲述这个典型事例，读者可以了解事物的细微部分，获得具体的印象，从而受到感染、为之感动、产生兴趣，进而由感性认识转入理性思考。

二、新闻报道中导语具体作用和写作要求

（一）新闻报道中导语的具体作用

1. 使不同读者的新闻需要获得满足

读者读新闻，与阅读其他文体的心理状态是不一样的。阅读其他作品，如诗歌、散文、小说等，读者可以容忍"慢慢来"，甚至期待着"慢慢来"。如果一部小说，一开始就把人物的底细、故事的结局告诉读者了，读者会

感到索然无味，但对新闻作品，读者的心理期待就不一样了。他要求一目了然，一眼就能抓到主要新闻事实。如果看了开头，还没有看到他想要了解的新闻事实，他就不看了，甚至还会对这类报道感到厌烦。特别是现代，随着生活节奏的加快，人们的工作、学习都很忙，各种新闻媒介提供的信息又多，这种需求就显得更为迫切，而消息导语正适应和满足了这种需求。正是从这种意义上讲，人们强调"导语是新闻的生命所在"。

2. 编辑取舍新闻的准绳

随着技术的发展，我们已经步入信息的时代。每天的新闻，本国的、世界各地的、政治的、经济的，以及科学、文化、教育、体育等方面的，可以说多不胜数。数量如此之大的新闻稿，编辑是很难从头到尾逐条细看的，他们往往凭导语取舍。如果导语能引起他们的兴趣，他们就进一步审读整条新闻。如果导语没有提供新鲜的东西，不能吸引编辑，编辑也就将你写的消息淘汰了。因而，写好导语，对记者本身也是至关重要的。

写导语，必须选择最重要的新闻事实。作者一动笔，就必须考虑这条消息的报道中心，不能把采访所获的事实不分轻重主次地塞进导语。而导语，就像一部交响乐的前奏，一经写下，就决定了整条消息的格调，并决定了消息其他部分是什么样子。每个研究过导语的新闻记者都懂得，为什么导语必须经过努力才能完成，导语对于他和对于读者是一样重要的。写作导语能够集中记者的智力，迫使记者决定新闻中什么是重要的，他想强调什么；同时，记者写作导语时就能最终地确定新闻的其余部分是什么样子。从这个意义上看，导语确实是"显示记者才华的橱窗"，是写好消息的关键。一个平庸的记者，只能写出平淡无味的"大路货"导语。

（二）新闻报道中导语的基本写作要求

1. 强调新闻的事实

一条优秀的导语，必须抓住最重要的新闻事实。导语，既不能写得空洞无物，也不能把次要的内容、次要的细节塞进来。怎样抓住最重要的新闻事实呢？一般应从新闻的六要素入手，抓住最有新闻价值的要素。

何时（When）、何地（Where）、何事（What）、何人（Who）、何因（Why）、如何（How），被称为新闻六要素。这六个要素，是把新闻事实弄清楚的最起码的条件，是使报道走向精确的最初步的阶梯。虽然不是每一条新闻都必须具备六要素，但每一条新闻，都包含了其中多种要素。导语写作中，选择好一个或几个最重要的要素，往往是写好导语的前提。美国一本新闻学著作中，曾画了这样一幅图：一名采访归来的记者，端坐在打字机旁，神态严肃，全神贯注，两只手正按在打字机的键盘上，打字纸已卷在滚筒上；在记者的头部上方，则无规则地排列着六个多角形，好像头冒金星似的，六角形里分别是 When、Where、What、Who、Why、How。一条正确的导语未必是最优者，最优秀的导语总是来之不易，处理好新闻要素是写好导语的基础。

一般说来，"何时""何事"这两个要素，是最基本的要素。运用"何时"这个要素，必须遵循"最近点"的原则，即新闻所报道的"何时"要素，通常指新闻事件发展过程中的"某一点"，而不是事件发生、发展及至结束的整段时间，而"这一点"又离报道时间最近。

导语写作中，如果选择的时间要素不是"某一点"而是某一段；或选择的"某一点"不是离报道时间最近的"一点"而是较远的"一点"，新闻就会给人陈旧之感。

在新闻写作中，一定要扣住"最近点"。如果所报道的事实时过境迁，则要从新闻事件发展中努力挖掘"今天"的新闻依据。在导语写作中，如果实在挖掘不到"最近点""新闻由头"，则可以考虑写成"延缓型导语"。

"何事"这个要素，一般情况下，比"何时"这个要素更重要一些。这是因为，单独一个"时间"要素，还构不成新闻；而读者打开报纸，迫切需要了解的，是发生了什么事。

处理"何事"这个要素，比较麻烦的是，一条新闻，包含的往往不止一个新闻事实，作者写作中，必须抓住最主要的事实。虽然说"何时""何事"这两个要素比较重要，但并非说其他要素就可有可无了。事实上，新闻要素价值的大小，是随新闻的内容和背景而变化的。

新闻中的"何人"要素，常常是某个人，有时也指某一类人，以至企业、单位、团、国家机关等。新闻中的"人"涉及两种或两种以上时，要注意抓住主体。如果新闻中的"何人"要素是一位著名人物，新闻就写下他的赫赫大名；如果"何人"是读者陌生的，新闻价值不在于他而在于他所做的事，那么，导语中只宜作简单的介绍，而把详尽的身份说明转移到导语以后的段落处理。

"何地"要素同其他要素相比，虽然不可缺少，但并非特别重要。当读者特别关心新闻事实的地点时，如举行会议、演出、比赛、展销、发现了某一新矿等，就应突出"何地"要素。

"如何"要素，通常指新闻事实的具体情况、具体细节，它一般出现在主体中。有时候，为了加强新闻的现场实感和生动性而制作的描写式导语，也可写入导语中，但切不可巨细无遗。

至于"为何"这个要素，比较复杂。以往，为了抢时间，人们在写作中，往往只抓住"何时""何事""何人""何地"等要素。在现代新闻写作中，由于读者对"为何"的探究心理越来越强烈，人们越来越重视"为何"这个要素。应该说，这个转移是很有意义的。回想以前一些令人难忘的报道，往往是那些经过深入挖掘，回答了"为何"这个要素的新闻，但是在处理"为何"这个要素时，我们应特别审慎。因为，"何时""何事""何人""何地"这些要素，涉及的往往是事物的现象，比较容易弄清楚。"为何"这个要素，涉及事物的根据，不太容易弄得明白。如果调查不深入，下笔不慎重，就会带来严重的后果。这样说，并不是要大家回避这个要素，而是说，"为何"这个要素，在新闻写作中越来越重要，大家既要"迎难而上"，又要慎重。

总之，一条导语，要抓住主要新闻事实，就要选准最具新闻价值的新闻要素。

2. 注重可读性

任何文章都需要可读性，但导语要特别讲究可读性。因为导语担负"吸引读者"的重要任务，而它面对的读者，是不同年龄、不同性别、不同职业、不同文化层次的，它的可读性要适应读者广泛的需求。

一则导语，如果不具备可读性，一开篇就给读者设置了一层"文字障碍"，读者就无法读下去了。增强导语的可读性，要注意以下三个方面。

（1）不要将一连串的数字、名词术语、人物头衔、单位名称塞进导语

导语写作中，不可能完全回避数字。使用数字时，可浓缩，使之简化；可对比，使之明了；可换算，使之接近读者；可形象性地描述，使之生动。不能不加选择、不动心思地全堆上去。涉及到名词术语和人物头衔、单位名称时，也应严加选择，不能让读者读了半天，还抓不到新闻事实。

（2）遇到专业性的问题，应尽可能作通俗化的表述

导语写作中，往往遇到专业性的问题。这些专业问题，外行看不懂，记者写作导语时，就要考虑广大读者接受性，采用通俗化的表述。

（3）尽可能新颖、形象

新闻的特性决定了每一篇新闻报道在内容上必须"和别人不一样"，但仅仅做到这一点是不够的。从表达形式上看，如果因袭别人的套路，落入俗套，写一些陈词滥调，同样可能损害新闻的时新性。因而导语写作，也应该独出机杼。与新颖性相关的，是它的形象性。相对于抽象的事物，形象性的表述总是比较容易让人接受。导语写作中，增强语言的形象性，也是增强导语可读性的一个重要手段。

3. 简短与精练

导语在整个新闻写作中起着非常重要的作用，但并不要写得很长。西方一些专家经过大量的调查研究后建议，导语段落的长度应限定在 35 个词之内。中国的有些学者认为，中国新闻的导语，一般不应超过 50 个字。虽然这些字数的限定不是绝对的，但导语应尽可能地简短、精练是毫无疑问的。

导语写得简短、精练，关键是抓住新闻事实的核心，直截了当地交代出来，并把一切空话、套话、废话删除掉。有些导语写得冗长，其毛病就在于言不及义，废话太多，或是把导语当作"筐"，什么东西都往里装，什么东西都想在导语中交代清楚，结果是什么也没交代清楚。

三、新闻导语的词汇和语篇翻译

通过以上对新闻价值的了解和中英新闻导语异同的分析，我们应明白，新闻导语的翻译不能仅仅局限于文字和概念的翻译，而应体现出文化的不同，才能跨越文化的差异，达到沟通的目的。

（一）新闻导语的词汇翻译

1. 拼缀词

英语新闻语言力求表达精练，新奇有趣，撰稿者经常使用拼缀词，并由于其在报章中使用频率高，而成为固定词汇保留下来。翻译过程中，根据新闻内容，应尽量使用这些固定拼缀词。

（1）前词首部＋后词尾部

Botel（Boat＋Hotel）汽艇游客旅馆

Electrocute（Electron＋Execute）电刑处死

Stagflation（Stagnation＋Inflation）停滞膨胀

（2）前词全部＋后词尾部

Workfare（Work＋Welfare）工作福利

Newscast（News＋Broadcast）新闻广播

Smog（Smoke＋Fog）烟雾

（3）前词首部＋后词全部

Helipad（Helicopter＋Pad）直升飞机起降场

Medicare（medical＋Care）医疗照顾

Guestimate（Guess＋Estimate）估计

（4）前词首部＋后词首部

Sitcom（Situation＋Comedy）情景喜剧

Telex（Teletype＋Exchange）用户直通电报

Interpol（International Police）国际警察

2. 缩略词

（1）截短词

截短词（Clipped Word）：截除原词的某一（某些）音节

截除前部：Parachute—Chute 降落伞

截除后部：Executive—Exec 主任、董事

截除首尾：Refrigerator—Fridge 冰箱

（2）首字母缩略词

IMF：International Monetary Fund 国际货币基金组织

ASP：American Selling Price 美国零售价

（3）首字母拼词

UNESCO：the United Nations Education，Science and Culture Organization
联合国教科文组织

（4）其他常见词缩略形式

Ad—Advertisement 广告

Biz—Business 商业

Con—Convict 犯罪

Dorm—Dormitory 宿舍

Gym—Gymnasium 健身房

3. 活跃词缀

词缀的活跃使用也可达到简洁、生动、个性化的效果，因此，翻译时应该注意以下内容。

（1）后缀

自 20 世纪 60 年代苏联人造卫星上天之后，-nik 成为后缀家族活跃成员，如 Beatnik（颓废一代）、Peacenik（和平分子）等。

（2）前缀

① De-：“离开”“除去”

Detrain 下火车

Deregulation 拆除窃听装置

② Eco：“生态”

Ecocrisis 生态危机

Ecocide 生态灭绝

4. 俚语活用

俚语是现代英语词汇中不可缺少的一部分，普通美国人的词汇量一般估计为 10 000 到 20 000，其中 2 000 词是俚语，它们是最经常使用词汇的一部分。第二次世界大战以来，俚语发展迅猛，适用范围不断扩大，新闻工作者为使语言亲切、自然、幽默、活泼，大量使用俚语，以达到与读者之间的共同情感联系。常见的有 Buck（美元）、Prof（教授）、Jack Up（抬高物价）、Nuke（核武器）、Lab（实验室）、Poor Mouth（哭穷）等。可见，在翻译的时候一定要注意俚语的活用和翻译。

（二）新闻导语的语篇翻译

语篇是翻译的客体，作为翻译主体的译者经常会面对各种语篇材料。由于语篇脱胎于文化语境，文化因素自然会积淀在语篇中。作为文化载体的语篇，能反映一个语言团体的社会、历史、心理特征。所以，对源语语篇的正确理解必须联系它赖以产生的文化语境及其语言特点。译者首先要熟悉异域文化及目标语读者的语言习惯，从文化的视野看，翻译实质上是两种文化的交流与沟通。具体到语篇翻译来说，翻译是译者把负载着文化信息的源语语篇进行加工处理，然后转换成译语语篇的形式，完成文化移植的过程。

导语是新闻的浓缩，其句子必须有高度的容量，结构严密。英语常用短语动词，句中意义紧凑，较多使用名词和介词；汉语则喜欢用短句，句中意义松散，多使用动词。英语多用长复合句，汉语相应改用短句。英语有从句和不定式短语，结构严谨，有些导语句子长，从句多。

英语导语常在结尾部分交代新闻出处，而汉语中，消息来源常置于开头，这是因为两国文化的差异和人们的思维习惯不同。例如，原文：Politicians are the Least Trusted People in Britain，with More Faith Placed in Car Salesmen，a Survey Released on Tuesday Revealed.译文：据本周二公

布的一项调查，政客在英国是最不被信任的人，对其信任度还不如汽车销售人员。

英语导语常在句首强调原因和方式，把主语置后，汉语中则把主语放首位，这是因为中国文化习惯追求事物的本来面目，不太注重事物内部的逻辑关系，常自然铺排事实。而西方人强调自由表达个人观点，直接明了，观点鲜明。例如，原文：Trying to pass another car while traveling at high speed brought serious injury to two men last night when their automobile overturned twice on Washington boulevard at Potter Avenue.译文：昨晚，两名男子在波特大街的华盛顿大道口发生车祸，受伤严重，他们的车在试图高速超越另一辆车时连打了两个滚。此句若按英文语序表达，开头没有主语，中文读者会很难理解。

导语，作为新闻的导入，起到引导读者、概括消息的作用。由于语言，文化的不同，中英文新闻导语的结构，要素排列会有一定差别。在进行中英新闻翻译时，须留意这些差异以符合目标语读者的阅读习惯，使其自然、地道，引人入胜。

第五节 新闻特写的翻译

一、新闻特写的具体分类

经过长时间的研究，一种划分特写种类的明确方法始终寻之而未果。因此，要给特写类型来个泾渭分明的界定是极其困难的。

任何像特写报道一样具有创新意味的写作形式，都难以进行过细的划分与分类。近年来的新闻实践的尝试进一步表明，想为特写贴标签的做法如果不是无效的，也是可疑的。以往仅用于有人情味报道的技巧，现在也用在了正规的新闻上。与此同时，调查性报道的技巧也成为当今特写写作的先决条件。无论在新闻中还是在特写里，记者的个人见解都开始起重要作用。曾被编辑部当作禁区的第一人称报道，也经常出现在日报以及新闻周刊上。总之，将新闻与特写区分开来和将这类特写与那类特写区分开来的传统界线，几乎全在新闻实践的创新中消失了。看来，要给特写实实在在做个分类是件没有太大说服力的事。无怪乎至今特写的分类五花八门，缺少一个统一的标准说法。

从记者的视角看，可以做出的唯一有用的划分，就是新闻性特写与非新闻性特写之别。因而，用技术性的术语来说，也就只有两种基本的类型：新闻特写（News Fea-Ture）与趣闻特写（Human Interest Feature）。即使这种划分，两者之间也不是互相排斥、互不相容的。当然，虽然新闻特写与趣闻特写的区分界定不是很清楚，但它确实凸显了二者的某些常见的特性。"新闻特写"，几乎可用来指称任何一种报道新闻事件的特写文本，其中包括：新闻分析、反映流行趋势的报道、解释事件并预测其结果的解释文章；这一术语也可指称调查性特写，即通过展示公众尚未注意的情况而"制造新闻"（Make News）。新闻特写的文体风格差别很大，从一个极端的新闻分析——与纯粹的新闻相距不远的体裁，到另一极端的对新闻事件所进行的描绘式、煽情式的叙述。前者主要依赖于记者的批判性判断，后者则体现为叙事的技法和生动的形象。虽说如此，多数新闻特写都处于二者之间的某一点上，都兼具两方面的特点。新闻特写当前占据主流，但"趣闻特写"并未过时。只要报纸还存在，就总会有趣闻报道的一席之地，而它们的旨归仅仅在于以文笔的哀婉动人、幽默诙谐或对人的精神世界的微妙展示而打动读者。下面让我们通过一些实例来感受一下这种划分方式。

追寻重大的新闻，提供趣闻特写这种与通常那种带有严肃意味的新闻相反的报道就显得愈发迫切。一篇采写精良的趣闻特写提示读者，人类个体和微小的事情也能以其示范作用而感动和教育我们。趣闻特写中的新闻关联缺乏内在的、能引起人们注意的因素，故需借用高超的写作技巧。为将读者吸引到有关奇人异地的报道中来，记者必须提供新鲜的见解，生动的形象，有趣的、摈弃陈词滥调的引语和语言，想做到这些自然并不容易。福克斯教授认为，能够写出这样的趣闻特写的记者，也就是能写出让读者停顿一下，对自己周围隐含的才智与美丽略想片刻的那种特写的记者，是报社的财富，也是记者中的精英。

　　除了新闻特写、趣闻特写这两大类的划分，人物特写因其重要性及被采写的普遍性也应该被单独拿出来说明一下。人物特写的目的，在于使读者了解另一个人的个性。如果此人因与某新闻事件相联系而成为重要角色，那么人物特写就成为新闻特写了；如果此人的重要性是源于记者获知的什么个性，那么人物特写可被视为趣闻特写。不管是用于新闻特写还是趣闻特写，勾画生动的人物图像的技法基本上都是一致的。它包括对细节的描绘，以帮助读者脑海里浮现新闻人物的外貌；直接引语的使用，以显示人物的观点、性格和谈话风格；还有就是具体展示人物活动的有趣故事。不论是哪种情形，记者都力图用自己的笔勾画一个人物的三维立体图像。这一人物肖像不是每一细节都勾勒出来的绘画，它只是一幅素描——不在乎其尺寸，而仅以寥寥数笔捕捉人物的神态。

　　在写人物特写的时候，要时刻想着如何才能像画家那样用传神的笔法、形象的描绘，让人物跃然纸上，好像就站在读者面前，突出人物的个性特征。

二、新闻特写的具体写作步骤

（一）谋篇方式

　　采写即时性/硬新闻（Hard News）的记者们必须牢记的是已成定式的"倒金字塔"结构，也可以说是一种前置中心结构（Front Focus）。特写作者则常用结尾中心结构（End Focus），这是由特写的写作特点而决定的。特写的写作范围可以是有新闻价值的，也可以是无新闻价值的。特写记者常常有足够的时间细致观察、深入调查、细细琢磨、精心构思，这使他们有更多自由发挥的余地和别出心裁的空间。

因此特写的结构灵活多样。再者，特写较少受到版面的限制，可长可短，短的几段，长的一二十页。所以为了保持读者的兴趣，使之一口气读完，特写往往在结构上下功夫，既要含而不露，又要一步步将读者引向高潮，所以说特写常用结尾中心结构。一言以蔽之，使得一篇写作精美的特写报道有别于其他类型的新闻报道之处，就是其结构。

（二）语言风格

特写不求报道的全面性，但求选准角度，深入细致地表现新闻事实与人生百态，因此常常是叙述与描写并重。特写带有一定的主观性，它的写作目的是通过对事实、人物等的描写唤起读者的兴趣。这些都是特写记者十分关心的问题。因而，特写的语言除了要准确、精练外，还必须在语言修辞上做到匠心独运，有一技之长。

总之，特写的语言精雕细琢、含而不露、韵味无穷、精彩纷呈。无怪乎不少优秀的特写成为不朽的佳作。

（三）情感蕴含

特写当中的人情味是吸引读者、提高读者阅读兴趣的有力手段。对于人类自身和人类在特定环境中的活动情况所产生的兴趣，人情味浓的文章能给读者、听众一种身临其境、感同身受的感觉。可见，人情味是指与人类活动密切相关，能使读者、听众由此及彼，产生亲身感受的情绪要素。要表现人情味可以通过多种手段，包括题材的选择、谋篇布局和一些写作手法等。

自然灾害和医疗问题是一些优秀特写常采用的题材，因为这些事件本身就会引起读者广泛的兴趣与关注。与此同时，也表现了一位公正的好法官左右为难的处境。使读者随着案情的发展而心情起伏跌宕，最后也只能哀叹而唏嘘不已。特写作者还可以运用大量的细节和场景描写来营造气氛和情绪基调。

（四）有机展开

特写有一个极明显的特点就是它不需要遵循新闻报道那种比较严格的"轻重缓急次序"，因此特写作者就不会面临倒金字塔结构所要经常面临的连接不相干事项的麻烦。总的来说，特写的展开是一种"有机"的过程，其间相关的事项被置于一体，从而获得更大的相关联度。这样，特写作者必须使文章保持较高的连续度。在新闻的写作上有时难以避免的突转，对特写来说就成为缺陷，特写作品应该作为一个浑然一体的整体而出现。不过，这就要求记者尽力去关注细节，注意平滑过渡的技巧，留意直接引语和转述的交替节律，仔细选择趣事的素材和有效地使用比喻——所有这些技巧，通常都与小说技法有联系。

1. 过渡

上述所有技法中，进行平滑过渡的能力是最主要的。就像新闻写作所经常要做的那样，特写作者需要构思一个段落以转换话题或将导语与报道的角度相连接。这种过渡段落或叫"桥梁"段落，一般要求放在描绘式、叙事式或趣闻式的特写段落之后。

好的过渡，必须在两个不同的话题之间提供某种关联。假如记者为其报道的结构连贯耗费过时间，那么进行平滑过渡的工作应该也不困难了。

2. 引语

特写展开部分的另一关键技巧，就是以一种使读者一直保持高度兴趣的方式，将直接引用的原话糅合在报道中，其中涉及在直接引用和大意转述之间建立一种巧妙的节奏，从而增加全文的变化和构架。

过多大段的大意转述或直接引用，会让读者感到单调沉闷；从一者巧妙地过渡到另一者，才能提高人们的兴趣。而前面所引用到的那篇有关格雷思神父的特写中，记者就显示了这一技巧。

对硬新闻的写作来讲，大多数引语都主要是因其内容而被选用的，也就是说，是为了将一句重要的或有力的评论，逐字逐句地展示出来。然而于特写的写作而言，引语或对话即使少有或没有重要的信息，也可能会被用于文中，只要它能使记者更生动地讲述报道内容，或者能用来揭示人物的性格。

3. 描绘

特写作者不能忽视这一事实，即他们是使用印刷媒介向读者传播信息的，而读者已从电视、广播和电影里获得了他们所需的大部分信息。这就意味着今天的读者已开始要求报纸既要表述看法，同时又要展现形象。读者的这种期望十分强烈，以至于没有哪家报纸编辑在考虑刊发一篇特写报道时，能够不配发至少一幅相关的照片。但是，就是再清楚明白含义确切的照片，也不能使记者摆脱其自身的困境。作品本身必须包含生动的画面，以使读者能够看到、听见和触及所报道的人物。

在采写这种报道时，记者的目的应该是为读者提供那些必须依赖镜头或话筒的记者可能想不到的形象与画面。单纯地使用麦克风和摄像机会抑制或改变报道对象的正常举止，而广播电视的运作程式和经济结构又限制了其复杂的设备所能使用的范围。比较而言，印刷媒介的记者则享有几乎不受限制的活动自由，只要需要，他就可以作为旁观者自行其是而不被注意。

于是，具体到特写报道上，记者就应该利用和发挥报刊媒介的独特优势，借助鲜明生动的描绘笔法将读者吸引到其报道的氛围与意象中来。这里，须要特别注意的是：描绘的笔法不能摆脱基本的新闻文体对简洁的注重和对名词与动词在句子结构中所处关键地位的强调。在新闻报道中，完美的描绘不是靠堆砌形容词，而是通过汇集对构成鲜明意象必不可少的具体素材来完成的。

总而言之，特写的有效展开，归因于以上所有技巧被熟练地融会在一种结构里，而这种结构是唯一适合于某一报道内容的。为了获得这一效果，记者必须按照前后连贯的结构原则安排素材的顺序。这里，经验固然重要，不过初学者也能设法弥补其缺陷，那就是把所要报道的事项排顺序，列个大纲，使内容展开的过程看上去自然顺畅。如前所述，这一粗略的提纲一般都只作为参考，在写作时经常需要进行修改变化；不过，大纲至多应是摸着石头过河一类的东西，写作过程中一旦发现更佳的结构方法，大纲就应随之做出修改。但是，假如没有提纲，记者几乎不可能写出首尾贯通的特写。

（五）结尾

特写中间没有任何其他部分能比结尾部分更清楚地显示出特写与标准的倒金字塔结构新闻这二者之间的区别——这也是特写的特别处之一，大多数的新闻都没有结尾，而且理由正当。因为，新闻若是带有一个专用的结尾，那么它就无法从尾部向前删节了。而在日报的新闻环境中，截断新闻是经常性的，必不可少的。

对一篇特写而言，结尾的作用有两层：一是用一种能给读者留下长久印象的方式，对报道的角度再次予以说明；二是清楚而得体地收束全文。由于可供选择的途径很多，所以满足这两点并不困难。和创作导语时一样，在这里记者也可采用如下手法：选用一句直接引语，展示一段人物对话，讲述一则趣闻故事，描写一段场景事物，或者不大常用的概括整篇报道的角度。

三、新闻特写的英文翻译

特写报道大多是从一些看似平常的材料里发展出来的，其重要性是由于它赋予新闻以更宽阔的视野，或是为有趣的人物增色添彩。但与此同时，特写素材一般都缺乏硬新闻所具有的耸人听闻的面貌。为此，记者必须采用更高明的技巧来写导语，从而将读者有力地吸引到报道上来。当然，这么做的时候，特写作者——就像其写小说的同行一样，也有许多方式可供选择。中文特写习惯于在导语的开始部分就把时间、地点、人物、事件等，即五个 W 都点明。英文特写则通常在导语的开始部分用一段趣事、一节对话、一段描写、一个直接引语、一个故事或一段对现场报道中引人入胜内容的特写角度所作的概括等。因此，在翻译外国报刊文章的导语时，通常用一句话来概括就可以完成相应的翻译工作。

翻译特写时选词不能刻板，应根据不同的文风选不同的措辞，应贴近民风民情。英文倾向用同义词来表达相同的概念，而中文却习惯用相同的词来加强排比的效果。中西国家由于文化文字上的差异，如果有些涉及至此的文化词语、典故不加解释说明读者就体会不到西方作者的幽默笔调、深层内涵等，将中文特写翻译成英文特写也应注意这个问题。在旅游特写的翻译中，有些不是非常重要，不影响受众理解的信息可以删减。

我国在全面开放局面逐渐形成下，对外宣传力度也在不断加强。让中国了解世界可以通过翻译英文新闻等的手段来完成，而让世界了解中国则要通过翻译中文新闻这一途径来达到。

第六节　新闻评论的翻译

新闻评论又称新闻言论，是对在传播媒体中发表的评论性文章的总称。我国学者对新闻言论的界定大体有如下几种：一是新闻评论是现代各种新闻传播工具（如报纸、广播、电视及通讯社等）普遍运用的政论性新闻体裁；二是新闻评论是新闻宣传的一种文字体裁，它以政论文的形式反映、阐释新闻的内容，是一种具有新闻价值的论说文；三是新闻评论是一种具有新闻性、政治性等显著特征的评论文章。

在我国，目前新闻评论的种类很多，但是归纳起来主要有两大类：一类是代表新闻媒介发表意见的评论，包括社论、本报评论员文章、短评、编者按、新闻述评等；另一类主要是专栏评论、杂志、随笔及多种形式的广播评论、电视评论等。新闻评论就是这些评论形式的总称。

新闻评论是报纸、新闻性期刊、广播、电视等新闻媒介的旗帜和灵魂，是新闻媒介反映和引导舆论必不可少的重要手段。它不同于新闻报道和消息。报道和消息以客观地记叙事实为基本特征，新闻评论则是以据事说理和论证为特征。就新闻评论和新闻报道来说，两者如同鸟之两翼、人之两腿，缺一不可。所以，对于新闻工作者和其他有关的人来说，如同必须学习掌握新闻采访和写作手段一样，也应该学习掌握新闻评论这种手段。

一、新闻评论结构的分类与特点

"结构"这个概念最初用在建筑中，后来推广到绘画、音乐理论中，最后又广泛用到文学和其他种类的艺术中，结构是各个组成部分的搭配与排列。新闻评论的结构应该这样理解，新闻评论节目需要一种有形或无形的脉络，或一条途径，把节目的各个组成部分连接起来，集中向观众透露一种信息。

（一）新闻评论结构的主要分类

新闻评论的结构实际上是文章和节目的谋篇布局，有人把它分为立论、引论、结论、附论、兼论；有的把它分为时间结构、空间结构、逻辑结构、悬念结构、复合结构；有的把它分为三块式结构、多层式结构、波浪式结构、箭靶式结构；有的把它分为归纳式结构、演绎式结构、并类式结构、递进式结构；还有人把它分为点睛式结构、总分式结构、分总式结构、对比式结构、层进式结构、因果式结构、对话式结构、全评式结构等。

上述分类都很有道理，是从各个角度对新闻评论结构进行的划分，而以下四种结构分类较为合理。

一是顺序结构，分为开头、中间和结尾。

二是逻辑结构，分为提出问题、分析问题和解决问题。

三论述结构，分为立论、引论和结论。

四是随机结构，实际操作时所应该采取的结构，应该由不同题材、不同节目、不同文章随机而定。

（二）新闻评论结构的基本特点

1. 结构、布局严谨合理

这是新闻评论结构的总体要求。文章或节目怎样安排结构，即怎样开头、怎样转折、怎样过渡、怎样结尾及怎样安排评论各个部分的先后顺序，如先说什么后说什么，详说什么略说什么，选择哪些材料和观点，它们之间怎样配合、衔接与过渡，各部分之间怎样相互协调，需要从总体上把握，这样才能胸有成竹，心中有数。

2. 层次、逻辑鲜明清楚

这是新闻评论结构的内在特点。新闻评论可以简单地分为开头、中间、结尾三部分，各部分又可以分成不同的层次，新闻评论的结构也由此通过内在的联系而构成。由于新闻评论的重点在于"评"和"论"，所以它与其他文章和节目有一点不同，那就是它要依靠逻辑推理的方式，按照文章、节目内在的逻辑规律，合理地安排逻辑结构，使其具有一种能够从道理上说服人的逻辑力量。这就要求新闻评论在论辩说理、阐明观点的过程中，必须具有严密的逻辑性，也就是运用恰当的概念、科学的判断及完整的推理过程，达到令人信服的目的。整篇文章层次分明、逻辑严密、概念准确、论断科学、推理完整，再加上充沛的情感，因此有很强的感染力，能够迅速在读者心中引起共鸣。

3. 思辨说理、以理服人

这是新闻评论结构的形成特点。它的特征就是把新闻的客观性和评论的说理性结合起来，论点、论据和论证是构成新闻评论的要素。新闻评论实际上就是通过论证（说理）的方式，以及运用论据（材料）来阐述论点（选题或论题）的过程形成新闻评论的结构。

说理性是新闻评论的力量所在，而摆事实、讲道理是说理的主要手段。在结构中，说理的作用首先是突出重点、贴近主题、阐明观点，然后再以点带线、以线成面。这就要求在构思评论结构时要选好角度，尽量从小处入手、新处入手、巧处入手。

4. 叙评结合、夹叙夹议

这是新闻评论结构的表现特点。新闻评论的表现方式与报道和消息不同，它不是单一的叙述，而是叙述与评论相结合，但重在评论。因此它的表现方式有时是以叙带评，有时是叙评结合，不同的文章或节目可以采取不同的形式，都可以起到点睛之笔的作用。

夹叙夹议是新闻评论的常用手法。"叙"是叙事，"议"是议论，"夹"则是穿插的意思，夹叙夹议意为叙事与议论穿插进行。此法的关键是二者不能成为"水与油",互不相融,而要成为"水与乳",你中有我,我中有你。只叙不议,变成新闻;只议不叙是论文;只有叙中有议,议中有叙才是真正的新闻评论。

5. 通俗易懂、雅俗共赏

无论电视、电台还是报纸的新闻评论,都要做到明晰、易懂、一目了然,而不能让观众、听众或读者如入云里雾里,不知所云。由于受众层次不一,接受力不一样,节目或文章过于复杂只能曲高和寡。就像诗人李白写诗总要找老婆婆听一样,新闻评论既要有理论层次,也要浅显易懂、雅俗共赏。广播的风格的主要特点是短、浅、软。"短",前文已论述过,此处不再赘述;"浅"就是通俗,使人一听就懂;"软"就是轻松、风趣,使听众在文化娱乐中不知不觉地接受观点。要做到通俗易懂,除了深入浅出的道理、平易通俗的论述外,还要用群众性的语言、平民化的文字和形象化的笔法。

二、新闻评论选题的定义与特点

选题就是选择主题,它是新闻评论写作的关键。主题常常表现在题目中,所以选题也含有选择题目的意思。写好新闻评论,首先是要选好题目。因为选题阐明基本思想,旗帜鲜明地亮出观点,告诉读者或观众"写什么"或"播什么"。社论的选题计划乃是所有选题计划中最重要的,它的完善与否将影响整个报纸宣传的效果,这句话适用于所有新闻评论的写作。而且从目前看,新闻评论触及的多是观众比较关心、内容比较敏感和政策性比较强的问题,所以选好题十分重要,好的选题是成功的一半。

(一)新闻评论选题的基本定义

选题是一篇评论的评论对象和范围,又称论题。也有人把选题分为两种含义，广义的选题指一个新闻单位在一个时期内重点评论什么，一般以计划的形式出现，称选题计划。狭义的选题又称论题，它规定一篇评论的评论对象和论述范围。

新闻评论如何确定选题，国内有专家提出选题必须从全党、全国工作的大局出发，服从和服务于党的中心工作；必须贴近群众、贴近生活、贴近实际，注意现实的针对性；必须考虑社会效果；必须注意题材的广泛性。有专家提出选题的来源是当前的客观形势、舆论动向和宣传任务，以及最近中央发布的重要决定、工作部署和最新的政策精神；是实际生活中层出不穷的新情况、新变革、新矛盾、新风险，以及来自广大群众和社会基层的呼声和要求；是重要的新闻事件和新闻典型。也有专家提出选题的来源是上级布置的、主动配合的、记者发现的、观众反映的、同行提供的、集中策划的。也有学者提出选题的根据是中央精神、实际情况和新闻报道。

（二）新闻评论选题的主要特点

不同的新闻媒体，如报纸、电台和电视台，由于它们自身的特点和传输方式不同，在选题上也表现出不同的个性，但是作为新闻评论性节目这个大的范畴，应该有一些共性，即有共同遵守的新闻规律，在选题上也是如此，这里主要论述新闻评论选题的共性。

1. 典型性

新闻评论的选题应关注热点、难点、重心和重大的问题。焦点原是一个几何学和物理学概念，焦点一词在新闻评论性栏目的广泛运用应该说贴切地反映了群众渴望舆论监督、社会民主进步的时代特点。如中央电视台《焦点访谈》的内容和范围就是热点话题、热点人物、社会问题、社会事件、重大政策的出台及背景分析、改革开放的新现象与新问题、国际事件和国际问题。评论选择的事件要有一定的代表性，这样才能举一反三，产生积极的社会影响。同样，国外的新闻评论选题也离不开群众关心的焦点问题。

2. 现实性

现实性即选题应有实际意义，符合当前形势，这个特点应有几个标准。

一是选题所接触的应是社会生活中确实存在而不是主观臆造和合理想象的事，即要"报真情""讲真话"。

二是选题应与其反映的社会主要矛盾和普遍矛盾发展方向一致，而不能与社会逆行或背离社会。

三是选题要有现实的指导意义：是安定团结、统一思想，还是缓解矛盾、解决问题；是平衡心态、引导群众，还是传播信息、促进改革。

四是选题时要全面、辩证地看问题，防止片面化和情绪化，特别注意防止先入为主和情绪化倾向。因为同一新闻事实，从不同的角度看，往往会得出不同甚至完全相反的结论。有的问题从一方面看是好事，但可能隐藏着另一方面的问题。如猪肉降价，一方面市民叫好，另一方面农民反映强烈，饲料价格与肉价比例失当，会挫伤养猪积极性。

五是所选问题要有结果或争取有结果。不报道事实上现阶段无法解决，只能给群众带来恐慌的问题，不引导观众注意那些虽然存在但短期内不具备解决条件的问题。这个道理也很简单，实践是检验真理的唯一标准，如果对观众、听众或读者没有积极的影响，宁可不做。

3. 时效性

现在，新闻的时效性已经突破了"快"的概念，特别是广播电视，新的时间性概念直播、同步、立体越来越为人们所熟悉。它讲究抢在第一时间让不同地域的观众知道发生了什么，观众和记者在同一水平线上面对不可预测的新闻事件。

在如今瞬息万变的信息化时代，放"马后炮"，或明日黄花、雨后送伞是新闻评论的大忌，失掉了时效性，就收不到及时的社会效果，甚至完全失掉了发表或播出的价值，更起不到鼓舞、指导、推动的作用。但是时效性也不能简单地理解为"快"，因为时效性有双重含义：一是时间，二是时机。

新闻评论评价的标准是最佳时机、最大价值、最佳效益。记者有些很早发现的线索不一定马上就刊登或播发，要寻找最佳时机发挥最大的新闻价值。比如一条打假的评论在平时发表与在"3·15"消费者权益保护日前后发表、有关足球的评论在"世界杯"期间发表与平时发表、有关环境保护的评论在"世界环境日"当天发表与平时发表，其意义、价值和作用都会大相径庭。所以评论选题在把握时效性时要注意寻找社会大背景、大主题，选择最佳的发表时机，才能发挥最大的效益。

4. 针对性

评论应该有针对性，也就是说有的放矢。从某种意义上说，它具有选题的单一性。它告诉读者或观众一篇新闻评论为什么要写，针对什么问题而发表，要解决什么矛盾，达到什么样的宣传效果，希望读者从中得到什么样的启示、什么样的帮助，这都应该是明明白白的。这样才能产生好的社会效应，促使事物发展。反之，无的放矢、隔靴搔痒、无病呻吟只能招致观众或读者的反感。

新闻评论的作用应该是一把利刃，它能针砭时弊，正视迫切解决的实际矛盾，善于触及社会性的思想问题及其实质。针对性还应在迫切的现实意义之下，就是说"应时而做""应事而做"。除了当前重要的新闻事件和现实生活中人民群众的热点、难点问题，还应关注特定的新闻人物、事实、倾向和问题并对此发表意见，这也是最应该评论的。

5. 新颖性

选题是否新颖，关系到新闻评论的生命力。新闻评论就是要抓住新矛盾、新事物、新问题大做文章，引起读者、听众、观众的浓厚兴趣和"兴奋点"，这样才能有收听收视率和阅读率。

首先，题目引人入胜，作者没有选比较老套的题目。一个好标题能马上吸引读者的注意力，引起读者心中的疑问，激起他们了解全文的欲望。

其次，文章的评论角度也比较新。文章切中时弊，选题新颖，由点及面，夹叙夹议，有条理、有顺序地将道理娓娓道来，有很强的感染力，很容易被人们理解和接受，引起人们的深思，可以说是一篇时评佳作。

三、英文新闻评论的翻译

由于版面、篇幅和其他因素的限制，如果英文评论原文较长，译者经常摘取一些重要的，或者传达了重要信息的段落或内容作为翻译对象进行翻译。

新闻评论的翻译特点不仅体现在摘译上，如果把摘译形象地比喻为"跳跃式"的话，那么还有一种翻译方式，可以称为"跳上跳下式"的译文重组。如果说摘译还只是选择原文的要点而舍弃其中一些段落的话，那么译文重组的翻译方式完全是标新立异的。它打破了传统的原文译文的先后顺序，重新组织译文。

翻译原文中的主题句指翻译原文一个长段中的主题句，使其在译文中独立成段。这样，读者不需读完原文全文译文，看到编译文主题句便对原文大意一目了然。

新闻编译的优势在于自由灵活，为了使读者一目了然，在原文没有导语的情况下，译者可以灵活变通，在译文前增加议论性导语，为正文的阅读理解起到说明书的作用，这也称为加"题外议论"，导语一般是从原文中选出的原句。

英文评论标题有时不足以涵盖原文的内容，或者不足以引起人们的注意和兴趣，这时译者可以根据需要选择另设标题。报纸上的英文新闻评论习惯上都先标明题目，再标作者的名字，然后是评论的出处和时间。有时会附有作者简介，一般放在文章的末尾。但在译文中，顺序有所改变，一般按照出处和时间–题目–作者及其简介这一顺序。目的是突出报社的名气、新闻的时效性和作者的权威性。

编译者在介绍国外科技的某一动态或某国际事件的背景时，如能找到同一问题的两篇或多篇原文则是最为理想的。经过综合编译，译文将呈"立体型"，同时译文的视野也会被拓宽。

上文说到新闻评论的特点之一就是"时效性"，失掉了时效性，就收不到及时的社会效果，甚至完全失掉了发表或播出的价值。再者，由于汉英两种语言文化的极大差异，以及这种差异背景下的思维方式的不同，导致了汉英新闻评论撰写方式的不同。一方面，译者如果完全按照英文原文逐字逐句翻译，有可能导致花费的时间太长，等评论刊出后已经成了"明日黄花"，失去了可读性。另一方面，如果按照原文全文译文刊登的话，所占版面太大，这样就会挤掉其他重要内容刊出的空间，造成报纸所载内容单一、形式单调和信息覆盖量不大的后果。从这些方面来看，编译的确不失为一种很好的新闻翻译手段。

作为以发表议论、阐明事理为主的新闻评论文章，不同于以叙事为主的消息报道和特写写作，它不仅有简要的新闻事件的内容，更主要的是就这一内容进行的评论。所以，在新闻评论中，关于新闻的内容部分与普通新闻报道无异，但一般语言简练，内容凝缩，不加渲染，而重在评论。评论部分一则语言明晰，立场鲜明，但又客观，不偏激；用词准确，不模棱两可；判断有力，不含糊其词。一般说来，新闻评论的文字比较正式，语气较严肃，文中语法结构繁琐的长句、难句比消息和特写中的要多。此外，撰稿人有时还得考虑句子的典雅等因素。为了给人一种客观、公正的感觉英文新闻评论往往力求以第三者，即"非个人的"言论调子来说理。但有时，为了缩短与读者的距离，或显示撰稿人与读者之间的融洽关系，新闻评论还使用把读者也包括在内的所谓"复数第一人称言论口吻"这样的写作笔调，使评论好像在与读者交谈、交换意见一样，从而避免给人一种严肃呆板的感觉，达到更好的言论目的。例如，先前列举的评论文章《新的野蛮主义》中多次运用复数第一人称"We""Us"和"Our"。综上所述，尽管编译允许译者对原文做较大改动，但也不能失之偏颇，应尽量使译文符合这些特点与风格，以便准确地表达原文的内容。

新闻评论翻译作品的欧化现象十分普遍，虽然译者尽量想使译文接近汉语文体，但总是显得拘谨，常常是译出的汉语句子大致与英文相应，即在原作使用逗号的地方译文仍使用逗号，原文用句号的地方译文仍使用句号。其结果是读起来完全没有地道的汉语味道，欧式的翻译腔非常浓烈。

英语和汉语是两种完全不同的语言，英语属于"树式结构"，特点是先突出树干即主语、谓语和宾语，再把枝杈即定语从句、状语从句等修饰成分插进去。而汉语属于"竹式结构"，特点是借助动词，按照动作发生的顺序逐步交代，节节铺开。这样看来，在表达复杂完整的思想时，英语用长句无可厚非，但按照汉语读者的思维方式和阅读习惯，应使用简短明快的短句。这就要求新闻评论的翻译者在保持原意的前提下，应适当修正原有的句式结构，甚至篇章结构，使其符合中国读者的思维习惯和理解能力。

第三章

杂志翻译理论

杂志是一种定期发行的连续出版物，介于书籍和报纸之间，其中包含各种文章内容。本章为杂志翻译理论，主要包含三个方面的内容，分别是杂志文本特点、特稿翻译及杂志封面报道翻译。

第一节　杂志文本特点

一、杂志文本的基本特点

杂志作为一种大众媒体，有其自身的运作规律和文本特点。学者们一直在寻找杂志媒介及其文本的共性，并加以界定。无论是传统杂志，还是诸如"60分钟""20/20""日界限"和"东方时空"等电视新闻节目，其名字和形式都有同样的内涵，即信息仓储。

（一）深度报道较多

与其他媒体相比，杂志文本的信息时效性不强，深度报道较多，其文本往往超越新闻事件本身，更多地关注事态和观念的分析。它不像报纸那样多采用硬新闻的采写手法，而是更多地采用特稿报道方式。例如，当洛杉矶发生地震的时候，《洛杉矶时报》会提供地震规模及其影响的信息，而

《洛杉矶杂志》就会进一步提供背景信息，分析加利福尼亚州的地震历史、导致地震的地质原因及减少地震危害的建筑技术方面的发展情况等。同时，由于杂志的目标读者定位明确，与其他媒体比较而言，杂志更能有效便捷地向读者提供意见和诠释事件，便于向读者倡导某种理念。

（二）内容、受众的专业化和细分化程度较高

杂志的内容和目标受众是高度专业化和细分化的，相对而言，电视网的目标受众和内容都很广泛。虽然很多报纸更多地采用特稿和深度报道的手法，并增加诸如房屋装修、美食和旅游等专业信息，但读者依赖报纸获取的仍然是每日新闻，而不是这些专栏信息。读者要获悉某个领域的专业知识和信息，还是要诉求专业杂志。

杂志的目标读者更加讲究专业化和细分化，杂志编辑往往根据其目标读者的个体习惯特征、人口统计属性（如年龄、收入、地理分布等）和心理特征（如价值观、态度和信仰等）来定位和制作杂志。

从杂志的分类上可以证明其内容和目标读者的高度专业化和细分化。杂志可谓种类繁多、形态各异。按照地区来分，杂志可分为国际杂志、国内杂志、地区杂志和地方杂志。国际杂志《国家地理》（National Geographic）和国内杂志《美食家》（Gourmet）、地方杂志《芝加哥》（Chicago）的读者、内容和市场定位存在明显差别；按照报道内容和范围划分的话，杂志可分为消费者杂志、行业杂志、组织杂志、协会杂志、公共关系杂志、促销杂志、文艺杂志、简报杂志、星期天增刊、免费城市杂志和网络杂志或电子杂志等。

（三）持久性和连贯性

杂志印刷精美、装订成册，因此它在所有媒体中保存的持久性最好。报纸关注当日新闻，读者浏览之后即丢掉或者干脆用来包裹东西，电子媒体的内容更是转瞬即逝。而杂志文本往往可以重复阅读和使用，例如，

人们可以把《国家地理》杂志上某篇旅游散文推荐给喜欢旅游和文学的同事。

　　杂志有固定版位的栏目，杂志栏目具有连贯性。杂志的目标读者和忠实读者往往要求编辑在一个连贯而和谐的框架内，用不同的事件和问题使每期杂志都内容各异。连贯性和差异性因素的和谐平衡正是高质量杂志的标志。

　　随着时空转移，杂志内容不断更新，当杂志制作者决定改版或者把某个固定栏目放在一个新版位的时候，读者往往会注意到版面的变化。由于读者已经习惯在其所喜爱杂志中的某个固定位置寻找自己要阅读的文章或信息，所以他们可能会抱怨，而如何在栏目固定性和栏目内容的必然变化性矛盾中寻求平衡，成为杂志可持续发展及其与新媒体竞争的关键。

（四）杂志内容丰富

　　杂志作为记录历史的载体，其文本内容更是历时而变的。以美国杂志内容的历史变化为例，美国杂志起源于 1741 年本杰明·富兰克林和安德鲁·布拉德福德创办的第一批杂志《大众杂志和历史纪事——给在美国的所有英国种植园》和《美国期刊》。

　　从本质上讲，美国 18 世纪的杂志是各种材料的大杂烩，大多数文章都是从英国杂志、书籍和小册子上选取的，很少有署名的文章。到了 19 世纪，随着杂志阅读时代的到来，杂志内容更加广泛，情感小说、戏剧、诗歌和关于工业、教育、农业、经济、科学的各类文章无所不包。一批自称"杂志家"的作家伴随着 19 世纪的杂志"素材热"成长起来，杂志上开始出现署名文章。19 世纪下半叶，人物传记成为杂志诉求的重要内容之一，杂志上也经常连载长篇小说或登载短篇小说。

20 世纪是杂志的分众化时代，杂志内容呈现出专业化窄众传播的趋势。为了适应第一次世界大战之后人们对工作、休闲和娱乐的态度转变，《时代》《读者文摘》和《纽约客》三份杂志应运而生。在生活节奏加快的社会，这些杂志新生儿开始注重简洁的风格。为满足受众知情权的需要，为读者提供新的阅读视角。《时代》的编辑理念至今仍被奉为杂志界的金科玉律：一周的新闻必须以栏目的形式按逻辑关系合理安排；尽管杂志必须覆盖故事的各方观点，《时代》必须承担新闻事件解释者和评价者的角色；写作必须简短、活泼和完整；强调新闻写作必须体现作者的个性特色。

（五）和政治、文化的交互影响十分明显

由于杂志内容广泛，其文本涉及社会政治、经济和文化的诸多方面，而且杂志以深度报道、解释性报道和特稿见长，所以杂志可谓是"社会晴雨表"。

（六）符号化和拟态世界

杂志以图片和文字的形式组成版面语言，赋予世界以符号意义。通过杂志版面语言的这些符号，《美食家》展示完美的苹果馅饼，《体育画报》展示运动员的风采，《建筑文摘》展示装饰精巧的度假别墅。符号学理论的基点是所有传播过程都是符号化的，这些符号充满了文化意义，而定义和理解任何一种文化都可以通过研究其符号系统来实现。译者进行杂志文本翻译，其实就是杂志符号意义的语际转换。

杂志符号化的文字和图片可以创造一个拟态世界。读者在接近杂志并徜徉在杂志的真实报道或拟态世界中时，会通过使用杂志而得到满足。读者可能买不起《时尚芭莎》中华丽的服装，但他们依然欣赏这些领导时尚潮流的服饰。

拟态世界的一个必然结果就是拟态事件。历史学家丹尼尔·布尔斯汀（Daniel Boorstin）最早提出这个概念，媒介所创造的事件往往会变成现实。各类媒介的共性是提升个人的品牌和知名度，杂志封面故事就是一个拟态事件：模特一旦上了著名杂志的封面，各类明星就可以频繁约她，一个上了《时代》杂志封面的普通艺人也意味着一夜成名。

二、杂志文本的翻译特点

杂志文本翻译除了受中英文杂志文本的叙述结构和表达形式差异的影响，还有如下的一些特点。

（一）文本删改的程度比较高

杂志内容广泛，不同读者、市场定位和细分化的杂志，其文本千差万别，体裁多以叙述、描写和议论等综合手法的解释性报道或特稿（写）为主。所以，在进行中英文杂志文本翻译转换时，内容的删改程度更大些，以便符合译语载体的媒介特点和版面要求。即与报纸硬新闻比较起来，杂志的特稿编译要弹性处理。

（二）具有一定的文化认知与价值观

像报纸、广播、电视等媒体的目标读者一样，杂志读者是选择性地接近、阅读和认知杂志文本的，他们总是在固有的文化认知和价值观的支配或者影响下来阅读所谓客观而公正的新闻文本，一旦他们发现杂志文本包含着偏袒或者与自己固有价值观相悖逆的信息或理念的话，他们就会对杂志失去信心或者从此排斥该杂志。

在杂志文本翻译时，译者必须把译语读者已有的文化认知和价值观摆在首位来考虑。因为杂志的大多数文本不像报纸的硬新闻，它们更多的是带有倾向性的意见或者观点，所以在编译时充分考虑译语目标读者的固有文化认知十分必要。

第二节　特稿翻译

杂志文本体裁大致上可以分为新闻和特稿两大类。如上文所言，杂志文本的比较优势是特稿，尤其是在英文杂志中，各种各样的特稿文本使杂志充分发挥了深度报道和连续报道的比较优势，曾经形成与报纸和广播、电视三分天下的竞争格局。随着新媒体技术的发展，电子杂志和电视杂志栏目将新技术融入特稿体裁中，使特稿的影响与日俱增。

一、特稿文本的主要类型

英语杂志文本多以特稿（Feature）为主，何为特稿？英文新闻学专著的界定基本一致：报刊中时效性不强而篇幅较长的新闻故事统称为特稿。特稿的采写范围更加广泛，与报刊新闻体裁旨在传递信息的叙述手法不同，作者可以综合运用各种采写手法和个性化风格。一篇优秀的特稿就是一件创造性的艺术品，特稿贵在作者可以通过选题、结构和解释来控制新闻事实，而不像消息文本写作那样让新闻事实控制作者。

既然特稿的写法更多地受到作者采写的主观控制，而且采写范围广泛，所以特稿的类型多种多样。从采写路径和范围来分，特稿可粗略地分为三种：消费类杂志特稿，包括小说型的虚构文章（Fictions）、占星术（Horoscopes）、电视指南等娱乐性信息（Listings）、艺术和政治性评论（Reviews）等；就事实说话的新闻特稿（Journalistic Features），包括新闻背景特稿（News Backgrounders）、专访和人物档案（Interviews or Profiles）、人物访谈（Composite Interviews）、人情故事（Human Interest Stories）、散文（Essays）、建议或忠告（Advice）等；采用文学手法采写的新闻特稿（News Journalism）。按照更为详尽的内容来划分，特稿文本类型有描述性文章（Descriptive and Color Writing）、人情味文章（the Human-interest Articles）、人物档案和素描（Profiles and Personality Sketches）、季节性特稿（Seasonal Features）、娱乐性和评论性文章（Entertainment Features and Critical Writing）、追踪报道、连续报道和深度报道（Aftermath, Follow-up and Depth Series Articles）、旅游特稿（Travel Writing）、服务性特稿（Service Features）、个人传记（Personal Experience Articles）、幽默性特稿（Writing Humor in Feature Articles）和科技特稿（Writing Science and Technical Features）。

特稿是英语国家的新闻体裁，中国新闻学一般将特稿称为"特稿性消息"或者"新闻素描"，有时候将其纳入"通讯"名下，杂志特稿体裁的产生是传媒竞争的结果。广播电视诞生以后，报刊在时效性上形成比较劣势。为了生存，报刊一方面不断提高报道的时效性；另一方面，积极对各类新闻事件进行挖掘，以满足受众想了解详细情况的需求，于是特稿应运而生。

报纸特稿比较客观，多从第三人称角度陈述，一般是由报社的全职记者执笔；而杂志特稿弹性较大，甚至可以从第一人称的角度撰写，由业余作者执笔。杂志特稿或专访完全可以采用多种表述方式，一般采用描述性的文字，在中文里叫"新闻素描"，中英文特稿的遣词造句都讲究绘形绘声、生动形象。无论是描写人物、事件，还是地方、物体，特稿和专访都有独到而敏锐的视角，并从有趣而新鲜的角度来写。

二、人物特稿文本的翻译

杂志文本中的特稿往往采用文学作品的描写手法来刻画人物，在细节的描写上比较细腻、深刻，行文讲究文采和生动性。因此，杂志文本翻译注重"传神"地刻画人物，注重描绘景物的多姿多彩，但报刊特稿的翻译又不完全是文学性或学术性的，译者需要根据具体的语境和译语载体要求，对源语进行编译和删改。要掌握人物特稿的翻译，必须先解构人物特稿的形式与特质。

（一）一问一答式翻译

记者在采访一些公众人物和代表性人物时，往往采用一问一答的特稿形式。被采访的对象可以直接表达他们的意见、思想和行为，从特稿文本中可以反映问题的构思、采访人员和被采访对象的即兴反应和神态。译者应该配合被采访对象的专业，紧贴上下文去捕捉其言谈的神态或其中蕴含的意义。

人类之间的对话交流并不是由一系列毫无关联的话语组成，如果是的话，那么对话就失去了合理性。这些话语在某种程度上具有相互合作的特点，而且对话的每个参与者一定程度上从话语中认识到一个或多个共同的目的，或至少认识到一个大家都能接受的准则。对话参与人在对话中会遵循一个一般性的原则，即该原则要求话语与会话的现阶段和现时目的及方向所要求的相一致，以使会话能顺畅有效地进行下去，直至完成交际目的。格莱斯把这个原则称为"合作原则"。

合作原则源于康德的四个哲学范畴：质、量、关系、方式。所有事物都有自身一定的质的规定性、量的规定性、有与其他事物的关系以及自身存在的方式。会话原则具体体现为四条准则：第一条是数量准则，数量准则与会话者提供的信息量相关，要求所说话的详尽程度要与交谈的现实目的相一致，提供的话语信息不能够过于详尽；第二条是质量准则，即要确保说的话真实可信，要求不要说自己认为不真实的话，不要说自己认为缺乏充分证据的话；第三条是关联准则，即所说的话要贴切，要与交谈目的和方向有关系，不说不相干的话；第四条是方式准则，要求避免拐弯抹角，避免模棱两可，所说的话要简洁明了、要条理清楚。

当然，对话的参与者并不时时刻刻都遵循合作原则，他可能会以很多方式违反其中的一条或多条准则，这种情况下他说的话就可能包含隐含意义，导致会话含义的产生。会话含义的产生有以下三种情况。

一是会话者没有违反合作原则，或者起码别人不清楚有哪条会话准则被违反了。例如，甲："我没有铅笔了。"乙："楼下有个文具店。"除非甲认为楼下的文具店还在营业中，否则他就违反了合作原则中的关联准则，因此乙话语的隐含意义是甲可以到楼下的文具店买到铅笔。

二是会话者违反了合作原则中的一条准则，不过是因为该准则与另外一条准则相冲突。如甲要买一件适合乙父母年龄的礼物，甲："你父母年纪多大了？"乙："四十多了。"很明显，乙的答案不够详尽，违反了数量准则，但是乙无法提供更多的信息，因为如果他不违反数量准则的话，就有可能违反质量准则：不要说缺乏证据的话。因此乙的话语隐含了他不确定父母年龄的含义。

三是会话者无视会话的合作原则，通过话语的修辞达到实现某种会话隐含意义的目的。例如，甲："我想到你家去玩一会儿。"乙："哦，你上周考试考得很好哦！"乙在这里无视会话的关联准则，拒绝说与甲的话语内容相关的话，暗含着乙由于某种原因，不愿意在会话的时刻招待甲，或者甲和乙的交情还没深到可以到乙家玩的地步等。

任何翻译从本质上看都是一致的，但不同类型、不同目的的翻译具有不同层次的要求，并要受到不同层次的活动规律的约束[1]。翻译访问式特稿看似简单容易，事实上会话者经常会话里有话、弦外有音，译者应该认真分析话语的表面意义和隐含意义，才能够翻译得透彻、完整。

（二）叙述与问答兼用的散文式翻译

在叙述类文章中，作者经常围绕一个话题展开，译者要注意原文的主位和述位结构，考虑中英文主述位结构的差异，从而使译文主题突出，个

---

① 游英慧. 外语翻译与文化融合［M］. 北京：光明日报出版社，2016.

性鲜明。主述位结构（Thematic Structure）理论最早是由布拉格学派的创始人之一捷克语言学家维伦·马泰休斯（Vilem Mathesius）提出的。其用信息论的观点对传统语法中的主语和谓语进行修改，提出了主位和述位两个概念，韩礼德接受并发展了主述位结构理论。主位是信息的起点，是小句关注的内容，信息中剩下的对主位加以说明的部分称为述位。主位分为四类：单项主位（Simple Theme）、复项主位（Multiple Theme）、句项主位（Clause as Theme）、谓语性主位（Predicated Theme）。单项主位不可以再分成更小的功能单位，往往是一个或多个名词、一个副词等。

这类特稿的翻译可以更多地将译者的观察和情感倾注其中，译者的主观能动性发挥空间大。译者要捕捉原文的意象，紧随原文的节奏，保持原文的语气，通过译语生动、细腻地把源语的情景描述出来。

杂志目标读者的阅读目的一般都是消遣和娱乐，译者在翻译时更应该追求可读性，即在理解原文的基础上，利用"译写"或"译述"的方式，运用朴素而生动的文字反映人物的个性、情感和人性的真谛。此类特稿的翻译不能等同于文学作品，用词不必深奥。

（三）叙述与描写兼备的散文式翻译

这类特稿多是短程访问，有时候甚至没有经过面对面的采访或电话采访，只是简单地依靠资料搜集而完成。译写这类特稿的主要问题是专业性或背景性的文本处理问题，即着重于特稿的主题性、资料的客观性和撰写人的叙述技巧。因此，在翻译这类文章时，要注意原文中的主位、述位及主位推进模式，主位推进模式往往能反映出文章的衔接方式和叙事结构的规则，在翻译中起着举足轻重的作用。

主位推进是对话语主位的选择和排序，是各个主位间的相互关系和等级关系，也是主位与更高一级的篇章单位、整个文本及情境的关系。主位推进有三种类型：一是简单延续型，即前一句的述位或述位的内容为后一句的主位或主位的内容；二是主位同一型，即主位相同，述位不同；三是扩充型，即所有小句的主位在语义上都归属于同一个大的主位，它们或是对大主位的重复，或是和大主位具有等值关系域、扩展关系域、反义关系，或下义关系域、同义关系等。

杂志的定位和风格各异。很多时装杂志、生活杂志和时尚杂志都喜欢在人物特稿中保留人名、品牌名称的外文名字，译者不必都翻译出来，可对其进行弹性处理。对于名人的历史资料，由于原文的撰写者可能是通过访问获得的，也可能是通过资料搜集或者是从其他媒体中摘选的。所以，译者一般采用两种方法来翻译这些资料：第一，根据原文翻译；第二，编译或者译写，即译者根据杂志的篇幅、性质，把搜集来的原材料加以剪裁、翻译、再撰写。

这类特稿的另一个特点就是专业词汇颇多。译者可以通过查阅相关专业词典、同类文章去理解或推敲有关的文字，有时候要请教专家，了解该词汇的背景和用法，然后进行变通翻译。

三、专访文本的翻译

人物特稿，顾名思义就是通过叙述和描写来突出某个人物。其文本翻译目的即希望通过译文让译语所在地的受众认识和加深对某个人物的了解，出发点是善意的。为了突出有关人物的成就、专业、性格、外表等，译者可以根据该杂志的性质、风格、需要、译语所在地的文化和读者对该人物的熟悉程度，以及该特稿的形式对译文进行弹性处理。但无论是全译、编译还是译写，最重要的一个原则依然是以事实为依据，切忌妄自猜测、哗众取宠，添加一些莫须有的资料以自圆其说。整体而言，人物特稿和专访翻译的重点或问题集中在以下方面。

一是文化。人物所属国家的文化，包括人物的行业、家庭背景、学历等。这些文化因素会影响作者的言谈举止，进而影响文本的用语。所以，译者从事这方面的翻译，必须多留意不同国家的文化，以准确诠释人物的言谈风格。

二是经历。人物特稿和专访都会谈及某个人物的历史或经历。译者在翻译一篇特稿之前应该熟悉或翻阅有关该人物的事迹，这种互文性的联系有助于理解原文，也可以更加流畅地翻译，增强译文的可读性。

三是专业词汇。不同行业都涉及一定的行业背景资料，译者必须预先搜集资料，以便准确翻译或诠释文本中的专业词汇。

四是专有名词。正确处理人物特稿和专访所涉及的人名、地名、公司名称。

五是形容词。描写人物总离不开形容词，这些形容词不能只根据字典的解释平铺直叙，必须先配合译语的习惯加以融会贯通，进行修饰创造，否则就会歪曲原文、缺乏生气。译者进行这样的特稿或专访翻译时，应该借鉴文学作品的翻译手法和技巧。

六是语用。人物说话的语气对于一个不熟悉西方文化的译者来说，挑战性极大，译者需要注意上下文语义的连贯，留意语用方面的效果。

七是观点、立场的褒贬取舍。作者的观点和立场往往通过杂志文本反映出来，其中的褒贬可以根据译语杂志的立场而有所改变。译者应该根据杂志定位及其目标读者，进行褒贬的取舍。

第三节　杂志封面报道翻译

在人类社会发展的历史中，翻译是伴随着语言交际的出现而进行的。最初，各族人民之间的相互交往是通过口头语言翻译实现的，因此口头语言翻译必定早于书面语言翻译。而文字一经出现，各民族间的文字翻译也就越来越多。在当今社会，各国间的政治、经济、科技等各领域的交往日益频繁，所有这些交往都离不开翻译。翻译在人类社会前进过程中的价值与作用不言而喻，它肩负着时代的需要、历史的重任，始终与社会的进步、文明的发展、科技的创新、人类的命运休戚与共，紧密相连。

从形式上来说，翻译就是一种语言转换活动。也可以说，翻译就其形式而言是一种符号转换活动，任何翻译活动的完成都要经过符号的转换这个过程。而要讨论翻译的语言价值，必然要涉及符号转换活动所带来的一些基本问题。

在当今语言学的影响下，语言学的翻译观侧重于将研究的重点从语言本身拓展至交际的语境、语域、语用等各个领域。从语言功能和交际角度对翻译进行研究可知，翻译一般侧重的主要是翻译的信息而非文字，它的目的就是和接受者进行沟通。翻译指的就是在译入语中能够再现和源语中信息最为贴近的自然对等物，第一是在意义方面，第二是在文体方面。翻译不仅是语言符号之间的一种转换，还是思想文化之间的一种交流，翻译就是把一种语言中所表达的意思通过使用另一种语言文字传递出来的一种文化活动。

杂志封面是杂志形成视觉冲击力的"拿手剑"，是杂志传媒的比较优势。传媒经济是"注意力经济"，无论是报刊，还是广播、电视，甚至网络，都是依靠高质量的文章、栏目和节目来吸引受众的注意，提高其发行量或视听率，在这个过程中诸如杂志传媒就实现了直接盈利。同时，传媒要打造良好的品牌，吸引广告商来购买广告版面或广告时段，实现间接销售盈利，即报刊和广播电视以文本、栏目或节目为依托形成良好的品牌，依靠广告版面和时段的间接销售来盈利。报纸、广播、电视主要依靠间接销售盈利，杂志则可以依靠直接销售和间接销售两种渠道盈利。

所以，成功的杂志都会在封面报道和封面设计上下大功夫，旨在吸引读者的注意。

我们处在一个"读图"时代，封面报道和图片新闻在杂志传媒中居于核心的地位。各类传媒每天向受众报道和传播海量信息，读者和观众根本没有闲暇来阅读烦琐冗长的文稿。在激烈的传媒竞争中，杂志需扬长避短，充分发挥其深度报道、解释性报道和封面报道的作用。消费类、专业类和组织类等各种杂志（大众杂志）想方设法在封面报道上做文章，把内页版面的深度报道或解释性报道的"文眼"在杂志封面上的功夫做足、做到位。因为"读图"时代的读者需要的是视觉冲击力。

杂志封面是杂志定位和个性特征的象征，杂志封面设计必须反映其定位和个性特征，使读者在高度细分化和激烈竞争的市场中容易识别和注意到杂志。一般说来，杂志封面设计纲领为使用包括照片在内的具有较强冲击力的图像；醒目的发行人（商）标识；确保封面文字在 2~3 米内清晰可辨；对读者的明白承诺；为新读者提供赠品；封面报道和内页内容的链接；标识所有的承诺；首先强调封面的左边版位，其次是上边版位；尽量提前设计封面和封面报道计划，然后填补特稿文本。

杂志封面报道翻译在整个杂志文本翻译中占有重要的位置，封面文本的文字翻译必须综合考虑封面报道的主题、杂志封面设计、Logo 及杂志内页报道，同时照顾读者的阅读习惯等。而且，杂志封面报道的翻译和编辑往往是杂志编辑或者改版的关键。这里所说的杂志封面报道包括杂志的Logo（标志，杂志名称的设计图案，包括 Nameplate、Flag、Banner）和封面文字（Cover Lines，杂志封面上的短标题），这些要素有机结合起来构筑了杂志封面的视觉冲击力和个性特征。

杂志封面报道翻译指的是文本翻译，主要是封面文字翻译，但译者或者编辑需要在内页内容与封面图片、Logo 和封面标题的配合编译上下功夫，同时考虑语言转换过程中杂志定位和栏目定位，有针对性地编译图片和封面文字，而不能简单地直译了事。中国内地很多女演员都成为《时尚芭莎》的封面人物，如果不看 Logo 和栏目文字说明，仅仅依靠图片是说明不了该杂志的定位和个性特征的，更不会了解本期杂志的主要内容，因为演员们在其他电影和时尚类杂志封面上都可以摆出同样的"Pose"。

第四章

广告翻译理论

广告语言的特点注定广告翻译与其他翻译不同。本章是广告翻译理论，主要从三个方面对其进行阐述，分别是广告翻译的概述、广告翻译的指导原则、广告翻译的技巧。

第一节　广告翻译的概述

一、广告语言的基本介绍

（一）广告的概述

1. 广告的定义

广义而言，广告即资讯的广泛传播。从这个角度来看，广告自古存在，各国亦然。古代的铭文石刻、集市上的吆喝、战场上的狼烟，甚至中国的入夜打更，法国的叫喊人（专门受雇应答顾客、发布商品信息，并负责监督交易双方权益的人）职业，英国的实物商店招牌等无不表现出人类自古以来对信息快速有效传播的渴望和在这方面表现出的聪明智慧。进一步而言，如果把人类语言的出现归因于人类广告的需求也一点都不过分，毕竟无论是口头上告知猎物的获得，还是提醒危险的临近，无论是文字形态上标记的提示，还是勾画的图形都是在向他人传递着信息，而且往往只有最有效的才能流传下来。因此，人类发展的历史从一定的程度上来说是人类广告的发展史。广告语言本身就是折射社会的一面镜子，科学的不断进步使得人类的生活变得更加繁荣富足，广告则起到了推动人们了解生活和获取知识的作用。除了被用作商业产品推销的工具，广告还肩负着传递文化和教育大众的职责。当然，在大多数人的眼里，广告和市场、商品经济密切相关。没有快速发展的经济、欣欣向荣的市场，就没有广告业存在的土壤。而如果广告业发展滞后，市场经济的发展势必受到一定的影响。因此，广告与市场经济唇齿相依，相互影响，不可偏废。

何谓"广告"？"广"乃推广，"告"乃告诉，一般人对广告的这种认知属于比较典型的演绎型思维方式。如果是粗浅的了解，倒也无可厚非，但要明确广告的具体内涵，仅停留于表面形式的理解肯定是不够的。

广告是一种宣传手段，用于推广商品、展示服务和宣传艺术活动等，常常通过报纸、广播、电视、海报、电影、幻灯片、橱窗展示和商品陈列等多种方式来传递信息，或者通过媒体向公众介绍商品、劳务和企业信息等的一种宣传方式。很明显，强调了商品特征，突出了广告的商业性，定义偏狭窄。广义上说，现在很多学者认为凡是向公众传播社会人事动态、文化娱乐、宣传观念的都属于广告范畴。这一定义的变化充分反映出人们对广告认识的深化，以及广告业在中国的迅猛发展。广告赋予物品某种身份，因而使之具有能见的价值，这便是广告所特有的力量[1]。

其实，在我国古汉语中，并没有广告一词。我国较早的《康熙字典》和《词源》中就查不到该词。广告作为一个词在中文里出现并使用，始于20世纪初。所以说，广告一词是个"舶来品"。中国人自办的中文报刊上最先使用"广告"一词，是在1899年梁启超于日本创办的《清议报》上。

---

① 刘海燕. 商务英语跨文化翻译技巧与实践研究［M］. 长春: 吉林出版集团有限责任公司, 2019.

1901 年，上海《申报》首次在我国国内报刊上使用广告词。因此，可以认为，广告作为一词在中文里出现并使用，始于 20 世纪初。17 世纪中后期，英国资产阶级通过革命确立了君主立宪制，英国的经济也随之飞速发展，商业活动的规模不断扩大，广告一词得以流行。在 1890 年之前，广告被定义为关于产品或者服务的消息。后来，由于纸质媒体的出现和繁荣，广告的形式得以拓展。1894 年，将广告称之为印刷形态的推销手段，第一次将广告和推销关联起来，比较准确地表达了商业广告的本质含义，很长一段时间里都被西方的广告界奉为金科玉律。不过该定义重点关注的是推销，使得那个时期的广告主、广告人过多地关注产品及信息的推广，从而忽视消费者的需求。

进入 20 世纪以后，越来越多的产品开发商、经营者开始关注消费者的需求，以迎合满足消费者需求为创业的根本，广告人也意识到从消费者的角度出发创作广告的重要性。而且，随着汽车的量产、无线电广播的出现，以及电脑的发明和广泛应用，随着广告业的蓬勃发展，广告从业人员和广告相关研究的剧增，广告的定义越来越表现出明显的局限性。再后来，不同的刊物、组织和广告研究人士不断地修正或者扩充广告的定义。

广告是一种信息传播方式，其目的在于通过促销商品或服务、影响公众舆论、推进特定事业等手段来实现广告发布者的预期效果。广告信息采用多种传播方式，如报纸、杂志、电视、广播、户外广告及直邮等，传递给特定目标受众，以引起他们的兴趣。与其他信息传播方式不同，广告必须由广告主支付给媒体一定的费用才能传递信息。广告是经过付费的公共传媒方式，旨在传递信息、改变消费者对广告商品的态度，并促使他们采取行动，从而让广告主获得收益。

人们对广告的认知五花八门，不一而足，时代不同和视角差异都会令人们对广告的理解发生变化，但广告的一些基本特征还是能得到大家的认同的。第一，广告是一种广泛有效的信息传播方式，感染性强，具有劝告、说服的本质；第二，在现代社会，广告是一种投资行为，一般需要付费；第三，不管广告选择何种媒体形式，也不管广告的内容是有形的商品，还是无形的理念，广告本身都带有明确的目的性。

2. 广告的分类

随着广告学的出现和发展，广告研究的不断深入，人们对广告有了更全面的认识，广告的分类也越来越细致、科学。根据不同的划分标准，广告可以有不同的分类。

从广告传播的媒体形式来看，广告可以分为印刷品广告、户外广告、移动广告、直邮广告、电子广告和网络广告。印刷品广告指比较传统的纸质印刷媒体广告，如画册报纸、书刊等。户外广告指城市街头、交通要道、车站码头等公共场所立的大型广告牌、宣传招贴画、充气模型等。而移动广告一般指利用移动的交通工具如汽艇、车、船、摩托车甚至人等传播广告信息、吸引受众关注的广告形式。直邮广告指通过信件直接投递到广告受众手中的广告形式。传播速度快、覆盖面广、受广告主青睐的是电子广告，这类广告形式包括无线电广播、电视和电影广告等。方兴未艾、势不可挡的最新广告形式是网络广告，由于网络的普及和网络传播的快捷，这种广告形式受到了越来越多广告人的关注。

从广告覆盖的地区来看，广告可分为国际性广告、全国性广告、区域性广告和地区性广告。广告目的投放区的大小直接决定广告策略的选择，其中包括语言文化因素的考量，因此对广告创作乃至翻译的影响不可小觑。

从广告诉求点的呈现方式来看，广告可分为理性诉求广告、情感诉求广告和混合诉求广告。诉求点又称卖点，理性诉求广告最重要的特征是把商品的利益信息以说理的方式传递给顾客。情感诉求广告则通过触动受众心中的某种情感，打动消费者以达到促销的目的。混合诉求广告指的是前面形式的结合，既考虑到广告受众的客观需求，又注重其情感的把握。

从是否以营利为目的来看，广告可分为营利性广告和非营利性广告。前者也可称之为商业广告，属狭义的广告。后者也可称之为非商业广告，属广义的广告。商业广告讲求经济效益，往往以销量的提升与否来衡量广告的优劣。非商业广告则不以追逐利润为目的，其涵盖面很广，公益广告、公示语、各类启事等都属于这类范畴。

广告还可以从商品的类型、创作的方式、制作的时间、广告主的差异等多个方面进行分类，但考虑到本书的篇幅和宗旨，在此不一一详述。

3. 广告创作的关键要点

广告创作过程中需要考虑的问题比较多，比较重要的因素主要来自以下方面。

首先，广告传播的 AIDA 模式。该模式也称"爱达"公式，是西方推销学中一个重要理论。AIDA 是四个英文单词"Attention、Interest、Desire、Action"的首字母组合，对应着广告效果的四个层次，即注意、兴趣、欲望、购买行动。一个成功的广告能够把受众的注意力吸引到广告产品上，使其对之产生兴趣，进而进一步促进消费欲望的形成，最终促成购买行为，达成交易，该效应模式被广泛地用于指导设定广告传播目标和广告文案的撰写。

其次，广告策略的选择。一个品牌能否成功营销往往取决于其有没有好的广告策略，广告策略主要包含定位策略、信息策略、创意策略和媒介策略等四个方面。定位策略指服务于产品的市场、营销定位，任何一个广告都必须清楚产品的投放市场、营销重点和目标消费人群，即广告要有针对性。信息策略指选择和表现广告信息的策略，它和广告定位策略紧密关联。确定了投放市场和目标消费人群，广告信息的表现形式就比较容易确定，如儿童食品广告的语言选择就不应该太成人化。媒介策略指按照广告主的需求和广告的内容选择适当的媒介进行广告传播。广告传播媒介不同，广告信息的表现也会发生变化。创意策略包含制定策略、产生和执行构想。

4. 广告文案的基本构成

广告有广义和狭义之分，广告文案也是如此。狭义广告文案是指广告作品的文字部分，一般用来支撑美工所提供的艺术作品或图片信息。广义的广告文案则包括构成广告的所有要素，即受众在接触广告时所看到、听到、感觉到的所有元素。广义的广告文案定义无疑更能激发各种创意人员的创造力，并有利于促进他们彼此之间的协作。但是，它也模糊了广告创作人之间的专业分工，有可能使彼此间协作的难度大为增加。两种广告文案观视角不同，各有侧重，都有其特定的指导意义。鉴于本书论述的主要内容是翻译，与语言应用密切相关，因此本书将主要从狭义的广告文案观出发，探讨广告语言的应用。

完整的广告文案的构成要素一般包括：广告标题、广告口号、广告正文、广告附文，有的还含有广告警示语。广告一般都有标题，是广告主最想传递给消费者的核心信息。犹如文章的标题是文章的文眼一样，广告标题之于广告的重要性也毋庸置疑。有的广告标题还带有引题和副标题。这样一来，就形成了复合式标题。在复合式标题中，主标题传递核心信息，引题说明商品的某个特点、营造气氛和引导主标题，副标题补充说明主标题。

广告口号，又叫广告（标）语，是广告在一定时期内持续反复使用的短语或句子，甚至一个单词，表达广告主的某个观念，是广告主及其产品的一个重要标识。广告口号和标题之间的界限其实很模糊。有的时候，广告口号也即广告标题。随着信息时代的到来，人们交换信息的速度越来越快，加之信息表现方式日趋多元，如图片、声音等，愈来愈多的广告倾向于用非常简洁的文字信息来呈现广告核心内容，这也就是现代很多广告只有一句广告口号的原因所在。也基于这个原因，本书后面章节的很多译例也主要集中对广告口号进行分析和翻译。

广告正文是广告的主体，比较详细地传递广告信息。广告标题传递广告主题的信息要点或引导读者阅读正文，而广告正文则围绕广告主题提供更详细的信息。但并非所有广告都有正文，有的广告只有标题或口号，现代影视广告、户外广告牌、图片广告等广告形式往往因为时间、广告费用、阅读效果等方面的原因显得尤其如此。

额外信息附在广告主要文本的结尾处叫作附言。它能够包括广告主的名称、商标、地址、邮政编码和联系方式等，同时还能提供商品购买和服务接收方式等信息。由于其性质为附加性文字，因此在广告策划中，通常将其放置在正文之后，因此也被称为随文或尾文。需要说明的是，并不是所有的广告都有广告附文，一般纸质媒体广告文案才会有比较详尽的广告附文，而一些知名公司产品的广告往往只把公司、产品的名称或者品牌标识（Logo）标示出来即可，毕竟知名公司的联系方式很容易获得，而且很多此类广告也往往只是为了达到形象推广的目的。

广告警示语是指广告语言中不同于其他要素的独特的字体、独特的布局形式，有时甚至借助于某种特殊符号、图形等来起到警醒、昭示作用的极为简短的词和句。

（二）广告语言的基本特点

由于承担的功能和表现的形式不同，广告语言有别于文学、学术、新闻等文体的语言形式。概括而言，广告语言具有规约性、模糊性、通俗性、艺术性、简约性和媒体适用性等特点。

1. 规约性

广告语言的规约性是指广告语言的应用必须受到一些规范的制约。首先，由于广告通常需要借助大众媒体进行信息传播，受众面广，影响力大，因此广告语言必须接受相关法律法规的监督和约束。

进入新世纪之后，随着中国科技、经济的迅猛发展，人民生活水平的显著提升，特别是互联网科技的普及，国人的资讯获取渠道日趋多元，消费理念也不断更新，广告行业所暴露出来的问题越来越多，也越来越尖锐。于是在多方认真调研和反复研讨之后，2015 年 4 月 24 日，《中华人民共和国广告法》（以下简称《广告法》）颁布。最新版广告法由六个部分构成，即总则、广告内容准则、广告行为规范、监督管理、法律责任、附则。从内容上看，新版的广告法进一步明确了广告创作发布及监督管理各相关方，除了广告主、经营者、发布者之外，还包括广告代言人，广告监督管理机构除工商管理部门之外，还包括国务院及县级以上地方人民政府有关部门，不仅充分明确了相关方的义务和职责，还首提了广告行业规范、自律和诚信。此外，新版广告法还根据 1995 年后广告行业新出现的各类问题，在1995 版《广告法》的基础上出台了更加具体细致的补充条款，并增加了一系列新规，如除了国旗、国歌、国徽之外，军旗、军歌、军徽也不得在广告中出现，除了不得妨碍社会安定、损害社会公共利益，还首提广告不得损害国家的尊严或者利益，不得泄露国家秘密；不仅烟草广告被更严格限制，酒类、教育培训、房地产、农作物种子、投资理财、医疗用品、保健品广告等都有特定明确的要求；不仅广告代言人的义务被明晰，还规定未满十周岁的未成年人不得作为广告代言人；不仅规范了互联网广告行为，还明确了虚假广告的类别并加大了打击力度。总而言之，与先前出台的《广告法》相比，2015版《广告法》更系统、更翔实、更具体，约束性更强，更能满足当前国内广告行业健康发展的需要。

除了接受国家及地方法律法规的约束之外，由于广告的投放总是有目标人群和市场的，广告的语言还必须同时顺应当地社会的语言、风俗、文化、宗教等方面的规范，任何和当地文化相冲突的广告是注定不受欢迎的。

2. 模糊性

语言的模糊性是自然语言的一种基本属性。自然语言的模糊性指的是词义经常没有精确指定的界限，句子意义和话语的意义之间的可此可彼和游移不定，中国一些学者认为语言模糊性是人们的语言认识过程中主观和客观因素相互作用的必然结果。语言的精确性只是极端的情况，而不精确的、游移不定的模糊现象都是常见的。在广告语体中，广告人通常通过一些特别的修辞手法来营造语言的模糊性、不确定性，从而达到给人留下自由解读空间的目的。广告语言应用的模糊现象比较多见，因为它能够给消费者留下广大的想象空间，激发消费者的认知兴趣和购买欲望，较好地帮助广告实现交际目的。同时，模糊语言的应用也有利于广告商或者广告主的推广，增加了其宣传的灵活性，不过也使得一些不良商家有机可乘，肆意夸大宣传，频频做虚假广告。广告语言的模糊性主要通过语音和词汇两个层面来分析。

（1）语音层面

语言的模糊性是因为人们生活交流中语音的不确定性，及各民族语言中词汇同音、谐音现象造成的。广告语言的模糊性主要是从同、近音字词的选择上来得到目的。例如，伦敦希思罗机场一家免税商店门前有一则上佳的广告语"Have a nice trip, buy-buy"。很明显 buy-buy 和 bye-bye 谐音，既祝旅客们一路顺利，也更暗示广告受众进店购物，让自己的旅途更加愉快。广告创作者就是运用了语音的模糊性，一音双词，一语双关，不经意间促成了消费者的积极联想，巧妙地传递了广告主意图。

（2）词汇选择层面

广告语言模糊性主要体现在代词、动词、形容词和数词的应用上。就代词而言，最大的模糊性体现在代词的省略上，如耐克广告语"Just do it"都把主语省略了。施动者到底是你、我、他？还是我们大家呢？消费者自己解读，一定能找到自己最想要的答案，广告的目的也就达到了。代词模糊性还体现在其指代的不确定上，仍以耐克广告语"Just do it"为例，处在宾语位置上 it 的所指并不明确，这也是网络上很多人拿这条广告语来调侃的原因所在。因为动词鼓动性强，极富感召性，所以广告语言中动词的使用频率非常高，动词的模糊性应用也比较突出。

首先，表示达到积极效果的动词，如汉语中的"帮助、改善、促进、保障、提高、平衡、缓解、减轻"等，英语中的"help、give、make、get、bring、last"。仔细推敲的话，细心的消费者能够发现这些动词的共同特征是内涵积极、语气肯定、饱含承诺，给人期许，但语义不精确，无法从程度和数量上进行准确界定。汉语中此类动词多用于医药保健品广告，如"护心、保心、救心，样样关心（复方丹参滴丸）""激发胃动力，释放就现在（西安杨森吗丁啉）"。在英语中，此类动词的使用范围略广一些，如 You get more out of IT when you come to NITT（NITT 印度 NITT 公司–计算机培训和软件开发公司）等。

其次，一些表示人体感受的感官动词，如汉语的听、嗅、闻、看、触，及英语的 Look、Taste、Feel、Smell 等，因为涉及主观意念，感觉因人而异，尺度模糊。广告人往往乐于假借明星之口，激发消费者的想象力，以达到营销目的。此外，广告商通常避免使用"买"和"卖"的字眼，而是尝试使用其他语言手段来替代，以期在不引起消费者警戒和抵触的情况下实现销售推广的目的。此外，还有情态动词，诸如 can、may、should 等，在英语中这类词往往能够表达一种模糊的可能性。相比较而言，为了赢得广告受众的信任，英语情态动词在广告中的使用频率没有在其他文体里高，使用的时候也多集中在肯定语气比较强的词，如 can 等。汉语中无此类动词，能表此类概念的词，如"也许、可能、应该"等，是副词。汉语是一种意合型语言，不像其他语言那样过度依赖副词进行模糊表达。它更注重丰富的词汇和上下文隐含模糊的意义。英语的表达依赖于语法和句型，因此为了确保句子连贯及语意明确，形式方面的准确运用十分重要。英语广告常常使用情态动词来表示不确定的态度。

广告语言模糊性体现最突出的是形容词，这是因为形容词本身在任何语言的广告语体中的使用频率都非常高。形容词词义所表达的外延往往是模糊的，内涵难以清楚界定。譬如，中文广告中常常出现广告的形容词有好、新、多、优、美丽、漂亮、健康、真诚、温暖、幸福、惊喜、精彩、自由、动人、干净、轻松等，英文有 good、new、fine、big、free、fresh、great、special、real、easy、gentle、crisp、clean、tender、rich、safe、delicious、wonderful、charming、comfortable、excellent 等。这些词的词义联想都非常美好积极，但谁都无法清楚感知其积极程度。于是广告受众的想象力被激发，消费欲望也因此容易被促成。含有此类形容词的广告语很多，如"好空调，格力造"（格力空调），The taste is great（雀巢咖啡）等。此外，形容词比较级、最高级形式也经常出现在英文广告语中，由于字面上表现出了程度的变化，因此更具有诱惑性，虽然其语义依然模糊。汉语广告词中也有类似表述，常用的词是"更、超、至尊、极致"等，广告语有"商务通，科技让你更轻松（商务通电子）"等。不过新版广告法颁布以后，此类用词必须谨慎选择了，具体原因后文再做说明。

数量词在汉语广告中出现的频率要高于英语。由于古汉语的影响，现代汉语里很多的数量词既可以表述准确的数量，也可以表达一个大致的概念。此外，数量词常常成对地出现在对句当中，相当灵活。这样的例子比比皆是，如"一夫当关，万夫莫开""千般不舍，万般无奈"等。当然，这样的表达习惯势必影响到中国广告人的创作，于是诸如下列这些广告词频频出现也就不足为奇了："司机一杯酒，亲人两行泪（'交通安全'公益广告）""一股浓香，一缕温暖（南方黑芝麻糊广告语）"等。

3. 通俗性

广告语言一般讲究通俗易懂，广告语言不同于学术用语，不可用词太专业、句式太复杂。无论是何种语言的广告，用词一般讲究浅易显明，语言的选用大都贴近百姓生活。这是因为广告受众的受教育程度参差不齐，而且晦涩用语的广告也很难激起消费者进一步了解产品信息的欲望。例如，农夫山泉的那句"农夫山泉有点甜"，不经意间帮助该产品走进了亿万中国消费者的内心。

4. 艺术性

广告既是科学，也是艺术，其中科学强调广告具有自身特点和一般规律。广告语言不可浮夸，要以事实为基础，以产品独特品质去满足受众的特定需求，形成广告的理性诉求，所以很多广告文案会注意运用翔实的数据、严密的逻辑、准确的用词、合理的论证来吸引广告受众。但是理性的东西往往意味着沉闷、乏味，甚至冰冷，因此太理性的东西有时很难有效地打动消费者，所以广告离不开加工，少不了情感的运用，这决定了广告的艺术性。

广告语言的艺术性是指为了达到"广告即劝说"的目的，有效打动消费者，引起消费者的情感共鸣，广告创作者巧妙地应用语法规则、修辞方式，有时甚至打破语法规则和人们思维定式来运用独创性的语言。广告语言为广告传播目的服务，独特的语言创意往往能有效打动广告受众。

5. 简约性

讲求简约性是因为广告用词量直接和广告成本相关，此外，简约的广告用词也能很好地减轻受众的阅读负担。广告语言的简约性主要指用词尽量能简不繁、能省不加。因此无论是在汉语，还是在英语的广告口号中均多见诸如无主句等之类的省略结构。

6. 媒体适用性

广告语言的媒体适用性是指不同的媒体形态具有各自不同的物理和视听特点，为了达到最理想的传播效果，广告语言的应用必须和广告投放的媒体相适应。比如电视广告和无线电广播的广告信息转瞬即逝，因此语句一般要求简短、通俗。报纸杂志则不同，可以随时浏览，仔细品读，因此此类广告可以适当使用术语和相对详尽的文字介绍。还有城市户外或者铁路沿线的广告牌，因为与受众相隔较远，为方便行人特别是车上旅客迅速准确获取资讯内容，广告字体必须够大、字数不能太多。凡此种种，不一而足，因为不难理解，此处就不再赘述。

（三）广告语言应用的技巧

上述广告语言特点如规约性、模糊性、通俗性、艺术性、媒体适用性等是对广告语言特点的一般性概括，属描写性质。如果具体到广告语言应用当中，还需要注意一些问题，尽可能规避一些陷阱，下面的"五宜五忌"概括了广告语言应用中常见的技巧和应该避免的问题。

1. 宜劝导忌威逼

广告语言应该因势利导、循循善诱，而不应该咄咄逼人，那种居高临下、盛气凌人的广告很容易使广告受众产生厌烦，甚至反感的情绪。

人的需求有五个层次：生理需求、安全需求、关爱需求、受人尊重的需求和实现自我价值的需求。广告词的拟定可以从任何一个或者多个角度出发，关注受众内心的需求，找准广告商品和受众最合理的结合点，以角色代入的方式进行劝告，往往能激发认同，引起共鸣，从而达到预期的广告效果。如"东西南北中，好酒在张弓"（张弓酒）；"常饮燕京啤酒，广交天下朋友"（燕京啤酒），都充分关照到了消费者某个或某些方面的心理需求，虽然用词不多，但语气要么委婉婉转，要么真诚质朴，要么活泼自信，都直通人心，没有丝毫强加于人、令人不悦的感觉。

2. 宜示真忌诞骗

广告语言传递的信息必须真实、准确、完整、有效，要能经得起市场检验，让消费者信服，同时也有助于消费者做出正确的决策，否则就是欺骗。虚假广告最终一般都会被受众识穿并最终遭到唾弃，尤其是在这个信息共享非常便捷的时代，虚假的信息会很快被发现。因此，现代真正有远见和抱负的企业往往视信誉为生命，在媒体宣传的时候不敢马虎。

不过这里首先必须把虚假和夸张区别开来。虚假广告罪是指在广告中，广告主、广告经营者、广告发布者故意夸大、虚构或者歪曲商品或服务的真实情况，违反了国家法律、法规的规定。虚假广告是指在商品和服务的宣传中使用不真实的信息，涉及产品性能、质量、用途、价格、有效期、产地、生产商及售后服务等方面；或者通过夸大、虚假宣传服务的内容、形式、质量、价格等，误导消费者的行为。这种行为的目的，是利用虚假信息误导消费者，使他们误认为产品或服务的真实情况与宣传一致。尤其那些给定明确数字的广告语，具有明确的质量承诺，很容易受到目标人群的关注。如果不能达到预期效果，便涉嫌虚假广告。一般而言，虚假广告有主观欺骗的故意，广告信息真假难辨，误导性强。

夸张是广告修辞常见手法之一。广告运用夸张手法，可以产生强烈的影响力和感染力，从而让消费者不由自主地被吸引和打动，这种效果往往是无法抵抗的。为了突出产品的特点和优势，并吸引更多的消费者，广告往往采用夸张手法，以留下深刻印象，进而促进市场份额增长。然而，与虚假广告不同的是，夸张的广告一般为了达到幽默的效果，虽然存在不实的广告信息，但广告受众能轻易分辨而不至于被误导。全球无糖口香糖第一品牌——Extra（益达）口香糖深受中国消费者的青睐，该品牌曾发布一则创意广告，广告图片上是一只吃得很干净的餐盘，重点是餐盘内一根钢质调羹被人用牙齿咬断了。很显然，广告卖点为该口香糖能保护牙齿健康。广告运用了夸张的手法将牙齿坚固起来的功效巧妙地表现出来，创意独特，受众可能会因为这种夸张的表现手法而点头赞许、会心一笑，也或者认为有言过其实、骇人听闻之嫌，但绝对不会轻信该口香糖有如此功效。

需要说明的是，有时候虚假广告和带有夸张性质的广告比较难区分，而且受众对广告信息的认知还会因时因地存在差异，必须谨慎区别对待。如"红牛给你翅膀"的广告语一般不会误导消费者，至少中国消费者不会因此而心存"非分之想"，但同样的广告语在美国却使奥地利红牛公司陷入了两起集体诉讼之中。真实不等于大白话，需要足够的技巧和创意。

3. 宜求新忌雷同

广告创作讲究创意，无论是情节的设计，画面的构思，还是语言的应用最好都能匠心独运、别具一格。从语言的应用来看，好的广告词能够让人过目不忘、长久回味，自然也愿意口口相传。而那种跟风抄袭流行词语、人云亦云的广告词则很快会因为没有个性创意，淹没在浩如烟海的资讯里，广告投入哪怕再多，也难拥有强大的生命力。例如，网上有一则世界自然基金会（World Wide Fund for Nature or World Wildlife Fund, WWF）关于"关注森林资源的持续发展"的公益广告图，画面构图非常简单，无明亮的色彩、繁复的元素，主要由四个汉字"森、林、木、十"构成。图片上看似简单的几个字，其实构思非常精妙，创作者将树木减少的过程和最终的危害以一种振聋发聩的方式呈现在广告受众面前。如果不爱惜树木，人类将一步步地走向灭亡，整个世界剩下的最终只会是沉重的十字架。

4. 宜琢美忌流俗

广告语言宜琢美忌流俗指的是广告语言一般应精雕细琢，给人美的享受，尽量不要落入俗套，流于俗气，这主要和两个方面的因素相关：其一，语言本身具有美学功能，也称审美功能，指语言用以创造艺术效果的作用。广告语言担有信息有效传播之责，美学功能的充分挖掘当属情理之中。其二，广告语言不只是单纯的商业语言，而是集文学、美学、心理学、广告学、市场营销学和消费行为等学科于一体的鼓动性艺术语言。

广告语言的美学功能可以从广告语言的"音、形、意"三个方面的美来进行分析。广告语言的音美是广告语言美学功能实现的一个重要方面，其主要特点表现在广告词讲究节奏音韵，读来朗朗上口，易读易懂易记易念易传播，利于产品的营销和推广，如宋河酒广告语"东奔西走，要喝宋河好酒"。

广告语言的形美主要表现在语言文字的排版上，具体表现为均衡美、参差美、变异美等。广告语言的形美很多时候是通过和画面景致的相互映衬来达到的，不过也有一些广告仅仅通过语言文字运用和排列就传递很强的美感。中文广告词中的四字格，五言、七言对句的大量使用，表明中文广告词创作深受古汉语诗词、对联及成语的影响，强调文字形式上的对称美，如趁"东风""解放"思想，"别克""丰田"任"奔驰"。沐"星光""依法"经商，"黄河""上海"凭"跃进"。这是某汽车配件公司前些年的广告语，引号内容都为汽车品牌名称，"依法"为德国进口车（现译名为"依发"），创作者机智巧妙地将一些汽车品牌嵌入到对联中来宣传公司配件，同时还把广告主的经营理念、独特个性、经商视野做了勾勒，令人叫绝。当然，类似的对联广告在汉语广告词中比比皆是。

意美指通过语言的联想意义及其内涵组合而产生的一种意境，使人们由此发生丰富的联想，以满足人们对美的向往和追求。以麦斯威尔咖啡的广告词为例，无论是其广告原文"Good to the last drop"，还是其汉语翻译"滴滴香浓，意犹未尽"，都犹如神来之笔，寥寥数笔便勾勒出享用咖啡时的怡然自得，同时还把麦氏咖啡的醇香，以及那种醇香带给人的沉醉都表达得淋漓尽致。

5. 宜精简忌繁杂

广告语言因为受到广告成本、传播途径和受众信息加工等因素的影响，往往能删则删、能简则简，用词力求精确，不啰嗦繁复。好的广告词往往是言简意赅，令人过目就难以忘怀。姑且不论文字增加势必导致广告时长或者版面乃至成本的增加，冗长啰嗦的广告词因为增加广告受众信息加工负担，很容易引起受众厌倦甚至反感的情绪，更多的情况是因为没有瞬间抓住受众的注意力而被直接忽略，因而根本达不到广告的目的。

中英文广告词都力求简洁，英文广告词尤其如此，如上文提到的，耐克广告语"Just do it"。虽然相比而言，中文广告词中经常能见到字词、句式结构重复的现象，但这都是创作者虑及汉语常见的表达方式而用到的修辞手段，这些手段的使用往往能帮助达成音韵的和谐优美、形式的对称协调，非常符合国人的信息接受习惯。同时，要说明的是那些重复的字词一般和广告商品的名称、功能等密切相关，广告传播效果往往十分理想，也因而受到广告主和广告创作者的青睐。

（四）广告语言之外的影响因素

语言的力量是难以估量的，很多广告之所以成为经典往往和语言的巧妙应用有关，但是语言之外的因素也必须引起足够的重视，否则可能达不到预期的宣传效果，甚至适得其反，令广告主陷入被动的境地。这里所指的广告语言之外的因素很多，包括法律规范、思维习惯、宗教信仰、媒体形式、音响效果、动作特效、色彩搭配等，不一而足。鉴于本书的定位和篇幅，这里主要选取文化风险意识、广告常用形象、广告创意设计等几个主要方面进行介绍。

1. 文化风险意识

文化是语言的土壤，语言是文化的载体，文化和语言密不可分，任何脱离文化的言语行为都没有生命力。在当今广告创作中，由于产品跨文化宣传的需求日益普遍和迫切，加上全球化背景下广告观念、形式、时尚的互融互通，广告创作者稍有不慎就会在创作广告时忽视特定的文化背景，因而陷入文化风险。文化风险是指广告传播涉及的信息与当地的观念、道德、情感、信仰、风俗和法律不一致，可能引发当地受众或社会的消极情绪、行为，甚至引发反抗情绪和反抗行为，给广告主（品牌）带来潜在的危害。

如果广告创作者缺乏文化风险意识，则可能会面临一些问题，广告产品就可能遭遇文化冲突。文化冲突轻则可能会引起广告投放区受众对广告语言或者理念的困惑不解，从而导致对产品的无视，因而无法达到预期的效果，造成广告经费的浪费和市场机遇期的错失；重则会引起广告受众的集体抵制、抗议，甚至可能吃到官司。两种后果，前者对广告主而言，无疑是得不偿失，而后者可能是灭顶之灾。因此，广告主在选择广告公司和创作者时都会慎之又慎，对文化风险都会避之而恐不及。

日本丰田汽车公司是全球知名的车企。从 1937 年公司创建至今，由于关注客户需求，积极创新科技，勇于开拓市场，产品销量和品牌影响力连年提升。从 2008 年起，丰田汽车公司后来居上，开始取代美国通用汽车公司，成为全球排名第一的汽车生产厂商，成绩骄人。丰田汽车早在 20 世纪 60 年代就进入中国汽车市场，80 年代起凭借一句"车到山前必有路，有路必有丰田车"的广告语，几乎让这个品牌在中国家喻户晓。然而进入 21 世纪后，该公司在中国及美国接连遭遇了几次广告文化风险。事后，丰田迅速启动了应急公关机制。

2. 广告形象选择

广告语言应用的重要性不言而喻，但是广告中形象选取的重要性因为读图时代（所谓读图时代，是指随着科技的发展和生活节奏的加快，现代人进入了这样一个文字让人厌倦或者觉得不过瘾，需要图片不断刺激眼球、激发求知欲和触动麻木神经的时代）的到来而越来越受到广告创作者和广告主的重视。

广告创作既是一门产业，又是一门艺术。在这个领域中，3B 原则一直被视为创意的黄金法则，即通过运用美女（Beauty）、动物（Beast）和婴儿（Baby）等元素，来创作出吸引人的广告。美女、婴儿和动物形象之所以在广告行业大受推崇不难理解，这和其本来在生活中就受人欢迎密切相关。很多时候，如果借以表现广告主题内容的广告形象选择恰当，能够迅速吸引广告受众的关注，激发受众广告认知愿望，十分有利于广告内容的传播。

现在很多平面广告图都会利用这些常见的形象来完成广告，有的甚至没有配以任何文字来进行说明，也能给人带来非常大的视觉冲击力，从而实现广告意图的有效传达。不过需要补充两点：第一，广告形象的选择主要取决于广告商品和主题，因而在某些特定的情况下，其他的形象如硬汉、自然风光等的使用也在情理之中；第二，儿童形象的选取，特别是真实人物做代言的情形在国外并不多见，中国新出台的《广告法》也禁止 10 岁以下未成年人进行广告代言。

3. 广告创意设计

广告成功与否很大程度上取决于广告创意的优劣，而广告创意既表现在语言的巧妙运用上，也表现在广告设计的匠心独具上。绝妙的广告词、恰当的广告形象，离开了与众不同的设计构思，广告的效果也将大打折扣。这里的广告设计主要包括画面色彩的搭配、比例的考量、结构的选择、主题呈现的方式等多个方面。

从诸多广告案例可以看出广告制作中必须考虑语言之外的因素越来越多，也越来越引起广告从业人员的重视，但这绝对不意味着广告语言重要性的削弱。虽然的确存在部分广告设计根本不需要文字的现象，但这个比例还很小。虽然大部分广告中语言使用的篇幅都在不断减少，但这并不意味着广告语言逐渐被人忽视或者将被取代。其实恰恰相反，越少的语言应用，意味着人们广告语言加工意识的增强，广告语言应用的技巧性、艺术性、创造性的不断提高。从某种程度上说，广告语言应用越来越成为广告艺术中的点睛之笔，广告词的选择与广告形象、广告设计之间的关系越来越成为一个整体，必须统一考虑、慎之又慎，否则就可能事与愿违。

二、英汉广告的区别

相比较而言，中国广告业近些年里也取得了长足的进步，但毋庸置疑的是仍有较大提升空间，西方广告业在行业规模、管理体制、专业技术、媒体策略等方面具有不可辩驳的优势。要使中国广告业有更快、更好的发展，必须既要充分学习西方，也要清楚认知自身特点，其中重要的一步是全面比较中西方的广告语言文化。

虽然相较初期广告，现代广告使用的技术更多，形式更加多样，信息呈现的方式更加多元，语言的应用在逐渐减少，但语言使用绝对数量的减少绝不等于语言重要性的减弱，这说明广告语言越来越凸显其"画龙点睛"的作用，语言应用的价值、技巧性都在加强。客观上讲，深入比较中西方广告语言应用方式的异同是了解不同广告文化的一个重要手段。英语和汉语源于不同的背景，分别受到不同的历史、文化、价值观和民族习惯的影响，因此二者存在着明显的差异。汉语和英语的差异源于它们所依赖的文化基础不同，也就是各自的文化背景不同。

广告翻译作为一种跨文化的语言交际行为，也必须充分认识到不同语言文化价值观的不同，才能确保这种语言交际行为的有效性。从微观上讲，广告语言的应用主要表现在音调、词汇、句子结构的选择上；从宏观上讲，广告创作还要受到修辞习惯、文化风俗、思维定式等的影响等特点，本书将主要从英汉广告文化、句型和修辞等三个方面来比较英汉广告的区别。

（一）英汉广告文化的区别

广告是文化与行为科学、交流艺术的融合，旨在传递信息、影响观众的行为和态度。行为科学囊括了许多学科领域，如人类学、社会学及心理学。而艺术的交流形式具有多样化，其中包括文学作品的创作、戏剧的表演及摄影等多种创作方式。真正优秀的广告都具有非凡的创意，而真正好的创意一定源自对当地文化的深入了解。虽然中国广告发展历史相对较短，且很多广告理论、制作理念、创意策略等是从西方借鉴过来的，但因为思维方式、传统习惯等的诸多差异，英汉广告创作从文化上也存在着以下的差别。

1. 西方追求个性，中国倡导从众与尊长

西方主张人格独立，追求个性解放，强调个人权利不可侵犯，个人利益至高无上。在这种价值观的影响下，西方消费者因为历史文化与生活习俗等方面的影响，无论是思维方式还是消费习惯，多爱追求与众不同，年

轻人尤甚。广告创作者因此往往以此为突破口，去捕捉产品的卖点，因而广告创意多迎合消费者追求独特个性的偏好。整体而言，西方广告文化比较强调个性彰显。其实不只是广告口号，因为注重特定消费群体个性挖掘与表达而取得巨大成功的广告营销案例也比较多。

西方广告语言在突出"个人价值""个性自由""个人利益"的时候，语言可以特别张扬。当然这些广告多半带有调侃的意味，本民族受众不会因此大惊小怪，广告主也不会因此担心成为众矢之的。不仅如此，西方一些国家领导人的名字有时会被直接注册为产品的商标，并进入到广告口号当中。除了历史名人，美国现代政府首脑姓名及头像也可能进入商家的广告词、广告图中，或者直接喷绘在产品外包装上。

相比而言，中国儒家伦理文化形成了完整的体系，在维护社会安定、道德清明等方面发挥了重要的作用。与此同时，和西方文化强调的个体意识不同，中国人在思想上强调维护集体或整体利益至上，行动上喜欢和多数人保持一致。由于国人传统的群体意识根深蒂固，倡导共同参与的广告如"全民携手，舞动中国（Pepsi）"等大量存在，从众的文化习惯和消费心理在中国消费者身上普遍存在。也因为这种心理的存在，国人在做选择的时候往往不是先独立思考、再三权衡，而是喜欢跟风。葛优曾代言神州行的广告，其广告词"选号码就像进饭馆，选人多的神州行。听说将近两亿人用，我相信群众""神州行，我看行"，可谓入木三分，把国人消费时的从众心理刻画得淋漓尽致。因此，在中国的消费市场更容易形成一窝蜂效应。

相应地，孝亲尊长与消费从众的心理认知势必会被商家利用，也势必会在中国的广告文化中体现出来。稍微留心就能发现中国具有其他国家少有的礼品文化，每逢节假日，各种迎合礼品消费需求的广告几乎铺天盖地，充斥着市场。那种在国外广告中较难看到的对亲人长辈表达孝顺的广告语言在中国比比皆是，其中让人印象最深刻的是"脑白金"品牌的广告，该品牌的广告曾经一度连续多年扣紧"孝亲送礼"的主题，如"孝敬爸妈，脑白金""今年过年不收礼，收礼还收脑白金"等。

当然，这里值得一提的是，中国人（尤其是青年人）也慢慢重视个性的培养和表现，因此在一些中文广告里，广告受众开始看到诸如"不走寻常路（美特斯邦威）"之类的广告语。

2. 西方幽默，中国含蓄谨慎

在典型性格养成方面，西方人喜欢幽默，中国人相对稳重保守，比较传统，这种性格特点与他们的思维方式、成长环境、文化习俗密不可分。因此，在西方的广告当中，幽默成了一种非常常见且十分有效的表现手法，运用幽默风趣的广告语，创造轻松愉悦的气氛，有效传递商品信息，强调情感共鸣，化解广告与消费者之间的隔阂，这种广告类型受到消费者和营销方的欢迎。例如，美国一家眼镜公司推出的广告"OIC"，明显采用谐音双关手法，读音与"Oh，I see"相同，简单又风趣的语言，很容易给广告受众带来深刻的印象。除了广告短片，平面广告图也一样是西方广告创作人发挥幽默才情的地方。网上有一则宝马汽车原装配件广告图，图片上除了中间靠上端三个字母BWM，最底下的广告口号"Use Original parts"和广告附文之外，几乎没有其他文字，画面构图显得非常空洞，令人觉得非常奇怪。其实，这正是广告创作者的用意所在，让人纳闷的地方首先是构图的不同一般，然后读者仔细再一看，又能发现 BWM 其实和下面的车标不一致，宝马汽车的缩写应该是 BMW 才对。然后这种好奇进一步驱使读者去仔细阅读品味下面的广告口号，原来广告主的诉求是购买原装配件，否则后患无穷。不得不承认，广告创作者的创意和幽默都是一流。

中国人相对比较传统，正式场合尤其拘谨，所以广告语言沉闷有余、活泼不足，虽然也有一些修辞手法的应用，但一般多讲究规范工整。

（二）英汉广告句型的区别

为了让人们理解彼此的思想，语言被用作一种工具。语言的规范是必要的，因为只有确立了语音、词汇、语法等方面的统一标准，才能真正实现相互理解。要进行英汉广告翻译实践，必须了解英汉语广告语言的一般规范，这既包括一般广告语言特点，也包括英汉语广告句型结构等方面的具体要求。对于前者，前文在介绍广告语言特征时有过分析，如简约性等。对于后者，从句型结构来看，无论是英语还是汉语广告，总的来说，都讲究精简，能简不繁，因而简单句、省略结构都比较多，但除此之外，因为所处语系和表达习惯的差别，英汉广告常用句型还存在一些差异，下文将分别展开论述。

1. 英语广告常用句型

英语广告语中常用的句型包括短语句（省略句）、简单句、复杂句。

（1）短语句

短语句往往是一种省略结构，是英文广告句型中最常见的一种表现形式。英语重语言使用的规范性，遣词造句要符合语法规则，无论是简单句还是复杂句都有基本的结构模式，不可随意增删，在正式语体当中，尤其如此。

但是广告文体在这方面的要求不如法律、科技、商贸等文体那么严苛，毕竟广告一般追求的是在最短的时间内，以最少的投入去获取最多的关注。广告受众的阅读时间、兴趣和受教育程度，广告主的投入等诸多因素决定广告文体的语体风格为简洁易懂。英文广告在句型结构的选择上不苛求严谨规范、面面俱到，最通常的做法是冗余的信息、周知的信息、不言自明的信息皆能省即省，以达到言简意赅，通俗易懂的目的。

广告短语句常见的表达形式一般包括：动词短语结构、名词短语结构、形容词短语结构、介词短语结构等。其中，前面两种形式使用的频率最高。

① 动词短语结构

动词短语结构多是因为动词具有强烈的鼓动性，非常适合广告文体吸引关注并促成消费的主要职能，因此在广告文体中，这类结构最为广告创作者所钟爱。一般而言，广告文体中动词短语结构具有以下一些特点：选用的动词一般多为使役动词，而且单词一般比较简单，多以单音节和双音节动词为主，如 make、have、get、use、give、keep、begin 等，少见复杂动词的使用，这无疑方便广告受众在最短的时间内获取广告内容；无论与哪种词类连用，又以何种方式呈现，其结构一般力求简洁。

英文广告中动词短语句大致可以分为两种形式：一是谓语动词（原形动词）为核心的结构。这类动词短语句一般多采取"动词＋宾语"的动宾结构，也偶尔会出现简单到只有一、两个关键动词，或者复杂到"动词＋宾语＋补语＋状语"等各种情形。其实，这类结构一般可以看成是主语省略的祈使句。主语的省略不仅能够减少用词，而且这样形成的祈使语气劝告意味很浓，能迅速拉近广告与广告受众的距离。不过，因为祈使句往往表现出比较强的命令语气，可能会给消费者带来一定程度的不快，从而产生抵制情绪，那就适得其反。所以广告创作者在选词时一般非常谨慎，尽量避免命令语气太强的用词和结构。二是动词结构是非谓语动词短语句，既具有鼓动性，又不容易造成上文所说的误会。英语中的非谓语动词包括动词不定式、现在分词和过去分词三种形式，英文广告中的非谓语动词短语句这三种形式都有使用，如不定式结构 To protect others，first protect yourself（BMW，宝马）、现在分词结构 Delighting You Always（Canon，佳能）、过去分词结构 Designed to be safe（Bridge stone，普利司通轮胎）。在上述三种非谓语动词结构中，现在分词结构的使用频率最高，而不定式和过去分词结构则较少使用。这是因为动词不定式结构中的小品词"to"为无实际意义的功能词，它的使用和惜墨如金、一字千金的广告语体要求明显相背。再者，动词不定式往往给人的感觉是对将来的期许和计划，缺少肯定和鼓动性，不如干脆把小品词去掉。有一种例外的情况会把这个动词不定式标记词保留下来，即当动词不定式表示强烈目的的时候，上文宝马汽车广告语就属于这种情况。

过去分词结构也不多见，其原因是过去分词一般表示被动和已发生的动作。被动表述虽然更显客观，在英语正式文体当中也大量存在，但是和强调主动参与、积极消费的广告语体特征明显不符。而且，广告语体一般多用现在时，强调当下，不太关注过去的事件和行为。所以该结构的使用一般为了阐述一种现象、说明某种功能，或者强调客观存在的现实性。

英文广告中现在分词结构大量存在，它可以看成是祈使结构中谓语动词的一种变通，从而达到有效鼓励、温和劝告的目的。广泛使用的动词和前文提到的第一种形式比较一致，多为日常生活中广泛使用的单音节动词如 make、do、get、bring、take 等。

② 名词短语结构

名词短语句也是英语广告中比较多见的一类句型结构。名词结构虽然不具有动词短语强烈的鼓动性，但语义表现肯定客观，再加上因为是短语结构，用词不多，言简意赅，非常适合广告文体。名词结构的组成形式多样，有名词＋名词、形容词＋名词，也有名词＋介词短语的形式，但是不管结构形式如何变化，结构中的核心一定是名词，而且广告商品需要传递的关键信息也由该名词直接呈现。

相比较而言，英文广告中的名词短语结构以"中心名词＋介词短语"的表现形式最为多见。名词往往是结构的核心，介词短语起到界定范围和对象的作用，是信息的补充，该结构使得广告资讯重点明确、语义清晰。第二种比较常见的名词结构形式是"限定语＋名词"，此处的限定语包括各类起修饰和限定作用的词类如形容词、形容词性物主代词、名词等。这类结构重在传递广告商品最本质的特性，也非常简洁。世界很多知名品牌的广告语也都青睐这种清晰简洁的表现结构。

除了动词、名词短语结构之外，介词、形容词、副词（短语）结构也有时会出现在英文广告语言当中。它们大都可以看成是最常见陈述句型"It is…"的省略形式，只保留其最核心的表语结构（毕竟主语在视频、平面等广告的背景画面里已然昭告周知，省略掉完全不影响语义的表达），目的当然还是在于简述和凸显产品最本质的特征。

（2）简单句

一般而言，英语中的简单句主要包括"主+谓（SV）""主+系+表（SvC）""主+谓+宾（SVO）"三个核心结构，和由这些核心结构衍生出来的"主+谓+宾+宾补（SVOC）"和"主+谓+间宾+直宾（SVOO）"。简单句的这五个基本句型结构表明了英语语法对句子构建的最基本要求，即严格意义上讲，任何一个句子必须包含一个主语和谓语，用词数量不少于两个，谓语动词的性质决定其后续成分的多少和特征。

上文提到的短语句结构如动词短语、名词短语、形容词短语等，一般是简单句经省略处理后的结构，省略的成分多为主语和谓语动词，当然省略其他成分也有可能，在有广告主标识、广告附文和广告图文等材料辅助的情况下，这些省略处理自然没有问题。但并非都是如此，在一些广告活动中，广告主有时为了突出产品本身，强调产品与消费者的相关性，或者拉近产品和消费者之间的距离，采用完整的简单句式来进行宣传。

在英语广告中，上面提到的五个简单句型都有使用，但最常见的还是"主+系+表（SVC）""主+谓+宾（SVO）"这两个句型结构。在前一个句型中，系动词多为 Be 动词，简单明了的主系表结构，是典型的陈述句型，清楚地陈述事实、表明态度、说明性质，非常适合广告资讯传播需求。后一个"主+谓+宾（SVO）"结构也是一个典型的陈述句型，和前面一个句型的差别在于该句型的谓语动词为实义动词，而且必须是及物动词。在实际应用中，谓语动词多为生活中比较常见的单音节、双音节动词，如 make、want、need、create 等，含义清晰直白，鼓动性、号召性特征明显。另外需要说明的是，较前面一个句型而言，这类句子的例子少些，主要原因在于此类句型的主语省略后往往能够构成祈使句，也即是上文提到的动词短语句，语义没有明显减少，感召性却能够得到增强。因此，此类句型除了一般陈述和感召的目的之外，还突出对主语的强调。常见强调的主语一般包括品牌本身、和产品功能相关的概念、目标消费群体，以及能够拉近广告受众与广告产品距离的用词，如第一人称代词 we 等。下面一些广告语就属此类句型。

使用另外三个简单句型的广告语相对少些，因为在现实使用中，"主+谓（SV）"结构一般出现在对句对称表述中，或者另外附带状语结构，否则无论是节奏感，还是语言表现力都略逊一筹。另外两个结构"主+谓+宾+宾补（SVOC）"和"主+谓+间宾+直宾（SVOO）"也明显增加了信息量。当然，这只是相对而言，有时候偶尔用用这些结构也能给人耳目一新的感觉。

（3）复杂句

英语中的复杂句一般包括主从复合句和并列句。总体而言，广告中复杂句使用的频率并不高，因为复杂句不仅增加了文字的使用数量，而且还增加了句型结构的复杂度，这二者对广告传播的效果而言，无论如何都是不利的。当然，广告语言的使用没有绝对性，一切语言表现形式都可能存在。

英语广告复杂句的使用一般并列句较少，主从复合句较多。复合句的使用主要有两种形式：一种是简单且完整的复合句，这类复合句符合英语句型的一般使用规范，句法严谨，用词通俗易懂，数量一般不会太多。在广告金句中，超过 12 个词的英文句，已经相当罕见。凡是不超过 10 个词的句子，即使是从句，都还是可以接受的。当然这个字数限制也是相对而言的，超过 10 个词的英文广告语也常常能看到，但有一点可以肯定，即广告创作者及广告主在广告用词方面要求严苛、精雕细琢，绝对不容许任何冗余的文字和结构。另一种是结构省略的复杂句。因为要综合考虑上文提到的广告成本、受众阅读负担和传播效果等因素，所以相比结构完整的复杂句，在英文广告句中，信息及结构省略的情形更为多见。

最常见的省略结构是主句主语如 You 被省略，保留的部分一般是祈使句结构。这样一来广告语句不仅更简短，而且还能让广告受众有很好的代入感，促进其反思，或者迅速拉近广告受众和广告产品的距离。当然这里必须提到"动词分词句＋从句"结构，这种情况和前文提到的动词短语结构类似，因此完全可以看成是这种祈使结构的变体，也主要是为了达到委婉语气的目的。

这里还必须重点提到 Where 句型结构，一个近些年最常出现的 Where 句型结构。该结构一般看上去是"Where＋主语＋谓语"的表现形式，其实应该是"It is where…"强调句型的省略形式。这种句型的流行主要有两方面原因：一是它非常适宜广告主传播资讯的需求，告诉大家何处有何物；二是广告界模仿成风。广告界虽然很注重创新，但是比较好的创意也往往会被借鉴，就像从众效应助推服饰流行一样，人云亦云的现象在广告界也司空见惯，毕竟让人拍案叫绝的创意不可能信手拈来。

2. 中文广告常用句型

不同的民族，不同的文化，自然有不同的语言习惯。虽然中英文广告有着共同的特点，都服务于广告的劝说功能，语言形式上讲究简洁明了；内容上讲究通俗易懂；结构上讲究层次分明；表现上讲究创意独特，但是由于中英文分属两种不同的语系，表达习惯相去甚远，所以从广告语言表达上看，中文广告有自己钟爱的句型结构。概括来说，中文广告语绝大多数都是陈述语气，句型包括完整的陈述句、短语句、祈使句等。为了叙述方便，也为了便于理解，下文除了简要说明完整的陈述句型之外，主要从中文广告短语句型的语义结构和用词数量两个方面来进行概括。

（1）陈述句

在对短语句进行分类说明之前，这里有必要先介绍一下中文广告中完整的陈述句。和英文广告语一样，陈述句型语气客观肯定，适合广告资讯传播要求，在中文广告语中占绝大多数。但是由于广告语体简洁行文的要求，加上汉语语法本来要求就不严，无主无谓、缺补缺宾的省略结构非常多见，因此句法结构相对完整的中文广告语不是很多见。

（2）短语句

短语句在中文广告中俯拾皆是。短语句其实是一种省略结构，和英文广告一样，这种省略结构既可以凝练表达，节省广告的篇幅和费用，也可以强调重点，突出关键词语和结构。由于中文广告中的短语句特别多，下文主要从语义结构和文字数量两个方面来进行分析。

① 语义结构上看

动宾结构，由于广告语体的劝说功能必不可少，和英文广告相类似，中文广告也有很多动词的使用。另外，根据英汉语言思维对比研究的结果，英语更常使用静态表达法，而汉语则更常使用动态表达法。这表明英语倾向于描述状态或事物的存在，而汉语则更倾向于描述事物的行为或变化。换句话说，在英语中，句子的主要含义通常是通过静态表达方式来传达，而在汉语中，主要含义则常常通过动态表达方式来传达。因此，在中文广告中，这种类型的广告词非常普遍，符合中文听众的语言思维习惯，而且这些广告词往往具有很强的煽动性。

要形成偏正结构，需要将修饰语和中心语联系起来，构成一个词组，并形成修饰关系，这两个要素是不可或缺的。一般情况下，定语是放在名词前面的修饰成分，通常由名词或形容词组成，其作用是进一步描述或限定该名词。在语句中，中心词起着至关重要的作用，而位于中心词之前的修饰语可以被定语或状语充当，这通常是由副词来实现的。因而，偏正结构包含了有定语的中心词结构以及带状语的中心词结构。汉英广告中常使用"定语＋中心词结构"，形容词具有修饰和描绘名词的能力，因此在广告语言中被广泛使用，使广告更加生动形象。一种结构是以状语开头，后跟中心词。句子里的状语是一种重要的修饰成分，它附加在谓语中心语前面，并从各个方面对中心词进行修饰和限制，包括情况、时间、处所、方式、条件、对象、肯定、否定、范围和程度等。需要注意的是，它们不会改变句子的原意。汉语广告中经常使用各种副词，如表示程度的很、非常、极、十分、最、顶、太、更等；表示范围的都、全、总、共、仅、只、光、净、单等；表示时间、频率的"已经、曾经、早已、刚刚、正、将、曾、刚、才"等，不一而足。很显然，副词一般只起到对动词或者形容词限定说明的作用，在中文广告里也多是为了达到提示限定或者加强语气的功效，如网易广告语"轻松上网，易如反掌"，传递的就是网易的自信，能够带给消费者轻松快捷的上网体验。

其实，在词语结构选择方面，中国广告界流传着这样一种说法，名词比动词好！动词比副、介词好！形容词最不好！因为广告不是吹牛比赛，好的广告靠的是创意，而不是自吹自擂。另外，最失败的文案是主谓宾的完整句式，介副叹等虚词、的地得等语气词全上，读来拖泥带水，纠缠不清，是广告文体的一大忌讳。

② 从文字数量上看

虽然国内广告业界认为字比词好，词比句好，单句比复句好，只有一个字或一个词的话最好，但绝大多数广告词都很难用一两个字词完成。受中国古诗词和人们表达、认知习惯影响，中文广告词从文字数量上多选择三言、四言、五言等表达形式，而且往往还以对句的方式呈现出来，以增加语言的表现力和感染力。

（三）英汉广告修辞的区别

上文多次提到，广告是门综合艺术，需要广告主、广告人、广告受众等多方参与，涉及音乐、绘画、电影、雕塑、摄影、文学等多种表现手法，需要考虑广告成本、策略、媒体、主题、文案、产品功能、目标群体等多方面因素，需要综合系统分析。

1. 音韵修辞的区别

英语、汉语由于分属不同的语系，汉语属于汉藏语系，英语属于印欧语系，语言表达习惯存在较大差别。但总体而言，中英文广告都强调广告语节奏优美，尽可能音韵和谐，朗朗上口，方便理解、吟咏、记忆和传播。为了达到上述目的，中英文广告都会用到音韵的修辞手段，如从音节的使用上来体现节奏感，从押韵上达到音韵美。

（1）音节

因为英汉语属于不同的语系，所以两种语言的音节也各有特点。汉语采用的是单音节的语言，也就是用方块字来表示；而英语则是一种拼音语言，也就是用楔形字母来表示。在单音语言中，所有的单词都由一个音节构成，而在拼音语言中，大多数单词都由多个音节构成。表达同样的意思，用中文和用英文的措辞完全不同，并且它们包含的音节数也有所不同。

英语的音节只有轻重之分，没有声调变化，一个音节一般不能独立表意，所以英语单词音节多寡不定，双音节、多音节词特别多。因此，用音数相等的词或词组来构成等时性的节奏单位对英语诗歌来说是非常困难的。这意味着很难同时达到节奏和意义的完全匹配状态。尽管如此，在英语中，重音和轻音的种类繁多，数量也很丰富。正是这种特点赋予了诗人更丰富的工具，可以通过抑扬格、扬抑格或者重轻音形式来营造一行诗的节奏。这种节奏单位的构成方式通常是通过将一个单词或短语分解成多种形式的组合，这些组合本身并不包含具体的意义。因此英语诗歌的节奏可以是整齐的，但不可能具有汉诗节奏那样的整齐均匀性。由此可见，英语不会表现出对某种音节特别的偏爱。

汉语则不一样，一个字只有一个音节，没有复辅音，能够形成的音节数目比较少，但具有四个声调，发音铿锵有力，可以很容易地将两个单音节汉字组合在一起，形成双音节节律，表现出强烈的双音节特征。这种特征从汉语多双声、叠韵、叠音等结构，人们偏好使用二字词语、四字成语等习惯当中便可见一斑。四字成语便是 2 音节＋2 音节的表达形式。汉语的这种特征，加上平仄和音节的协调，便有了中国古诗词中常见的格律形式，也慢慢地形成了国人追求整齐匀称、轻重和谐、节奏优美、富有韵律的语音习惯。因为在现实的应用中，音节的使用和韵脚安排从来是密不可分的，虑及篇幅及叙述的方便，中英文广告语中这方面的例子暂略，统一在下文中呈现。

（2）押韵

再说押韵，它指的是通过相同或相近韵脚的安排来形成语音使用上的反复和回环，从而达到词句前后关联的目的。音韵这种有规律的反复呈现，能明显加强词句的乐音刺激。押韵主要包括押头、尾韵两个主要方式，头韵在英文广告词出现的频率很高，在中文广告语中却较少见到。押尾韵的方式比较普遍，在中英文广告语都能大量见到。

头韵是英语中经常用到的修辞方法，指的是一个句子中相同辅音开头的词出现两次以上的选词手法。头韵的应用广泛见于英语各类文章、书籍的标题和各类文体，如小说、新闻、诗歌、演讲词当中。在英文广告当中，头韵的使用也非常普遍，如丰田汽车广告语"Today, Tomorrow, Toyota"，仅用了三、四个单词，其中全部或者几乎全部用到了相同辅音开头的单词，这使得广告语读来富有节奏，音韵优美。此外，广告创作者选择的都是非常简单的普通词汇，结构简单、语义简明，直接说明了产品的品质和来源，因此受到了较多网友的好评。

尾韵和头韵的位置刚好相反，尾韵是指句内或句间两个以上词语末尾音节发音相同或相近，从而达到增强听觉美感和语言感染力的目的。因为中文诗歌当中此类例子非常多见，也非常容易理解，此处就不再举例赘述。押尾韵的广告语，在中英文广告当中都能大量见到，如 Glenlivet 威士忌广告语 "Rash.Dash.Classie Splash"，周大生珠宝广告语 "为爱而生，周大生" 等。

除了尾韵之外，中英文广告语还有一种比较相似，但被很多人忽视的音韵表现方式——反复。所谓反复修辞法，是根据表达需要，让某一两个词语或结构重复出现的表达方式。反复修辞法有时能够强调，以增强语气，有时能起到反复咏叹、表达强烈情感的作用，有时还可以使语句整齐有序，回环起伏，充满音韵美。这和广告文体特色非常一致，所以在中英文广告语中这样的例子并不少见。

比较而言，中文广告中反复的修辞手法并不比叠音用得多，因为反复一般涉及一个以上词语的两次以上的重复，所以句式往往较长，从而显得繁琐，所以和广告语言的要求不十分相符。而叠音（也称叠字）则不同，一般指两个相同的音节（或汉字）的重叠应用。作为汉语语音修辞的重要手段，叠音的结构简单，常见形式有 ABB、AABB、AABC、ABAC、ABCA、ABCB 等，因思路很清晰，节奏音律感也较强，非常适合广告语体。

此外，还应该提到两种英语广告中很少看到，但汉语里颇能体现创作者才情，又深受广告受众欢迎的修辞手法：回文和顶针。二者虽然都有形式上的重复，但前者是回环往复的结构，即后句的句首和句尾与前句的句首和句尾位置互换，而后者是前句结尾词开启后句，即后句的句首与前句的句尾相同。两种结构，特别是前者，易诵易记，识别效果好，可以让广告语形成特有的韵律，读来朗朗上口，便于记忆。

2. 形式修辞的区别

在语言表现形式方面，英汉语也有各自的特点。受传统语言思维习惯影响，从英汉两种语言结构的组合关系上看，英语倾向于形合，即看重语言形式结构如词形变化、关联性词语等对语义逻辑关系的呈现，因此英语注重运用各种有形的联结手段达到语法形式与逻辑标记两方面的完整，具有较高客观组织规律。其关联词语丰富，句子组织严密，主从句结构分明，层次清晰，语义逻辑关系外显。而汉语则倾向于意合，即侧重意义内在逻辑对语句的统领。因此汉语强调内在的语义结构，更在意主观组织意识，句内及句间逻辑关系有时呈隐性特征，句子相对松散。概括来说，前者注重外在的语法结构，是具有较高客观组织规律的语言，而后者强调内在的语义结构，是具有主观组织意识的语言。所以正如上文所述英汉语音习惯存在的差异一样，总体而言，英语一般不特别在意语言外在表达形式的齐整美观，而汉语则明显追求语言形式的整齐均衡，这点在英汉语诗歌、广告等文体当中的表现尤为突出。

受英语形合思维影响，英语大部分广告语都是统一的结构，要么是短语结构、简单句，要么是逻辑清晰的主从结构。当然，也有例外的地方，英语从句子结构修辞角度上讲有对照修辞法，即把两种相反或相对的事物，或者同一事物相反或相对的两个方面放在一起互相比较。构成对比语法成分在结构上必须相同或相似，在语义上必须相反或相对。还有平行或排比结构，即把内容相关、结构相同或相近、语气一致的两个或三个以上的短语、句子连接起来运用的一种修辞方法。必须承认这种类型的句子虽然没有单词数量的严格要求，也根本没办法做得整齐排列，但是结构看起来清爽明了，还有一定的平衡美。受此影响，英文广告中也存在类似的表述。因为排比句型结构相对复杂，信息负担明显增加，和广告文体要求存在冲突之处，所以此类广告语并不太多见。

汉语则不同，意合语言句间逻辑关系有时并不鲜明，句子结构相对松散，但语言形式上非常强调均衡整齐。这部分是因为受中国传统哲学中阴阳二元论影响，中国人乐于把世界万事万物分为相互对称的阴阳两半，在语言应用上讲究平行对称，有时哪怕是一句话能讲清楚的，也要分两句来展开。当然，这也和上文分析的汉语双音节特征有关，所以对偶句式几乎根植于汉语的语音系统当中，而对偶句所表现出来的整齐对应、形态美观自然也是其大受欢迎的主要原因。无论是古诗词还是广告语，无论是三言、四言，还是五言、七言，上文列举出例子的大部分都是以对偶句的方式表现出来的，这种修辞的魅力，以及它对中文广告文化的影响也显而易见。下面的这些广告语无不既从音律上，也从形式上让人感受到中文广告词的魅力。除了对偶句，还需要说明的是排比结构，和英文广告语类似，排比句因为相同结构的多次反复，不仅便于表达强烈的感情，而且句式也相对整齐，语言节奏感强，所以语言的表现力一般比较理想。由于英汉语特点不同，中文广告中的排比结构从形式上看明显较英文广告中的排比结构更整齐。但即便如此，和英文广告中的情形一样，中文广告语中的排比结构也并不太多。

3. 语义修辞的区别

为了达到最佳传播效果，广告语言就要表现出非凡的创意，拾人牙慧、鹦鹉学舌肯定不行。广告语言的创意往往和一些特殊的修辞手法的应用有关，上面两个小节简要分析了英汉广告语在音韵、外形方面的修辞方式。需要说明的是，这几种比较特别的修辞方法虽然功能主要在于有效地传递语义信息，但不等于这些方法与音、形美没有关系。其实，和前面两个小节介绍的几种修辞方法一样，只是大致归类，目的是便于分析和说明，将广告语的音形义完全割裂开来了解和应用是万万不可的。

（1）创新构词

创新构词（Coinage），一般指完全生造出来的词语，如 Aspirin、Nylon、Xerox 等，一般只看作构词法的一种，在很多语言修辞类书籍中并没有将其归为修辞手法的一种。但现实生活中，人们倾向于根据形态学规则和一般构词方法自创新词。此类创新词的应用越来越成为一类较为普遍的现象，在广告文体中尤其明显，所以值得关注。按语言的语法结构类型来分，汉语属于孤立语，英语属于屈折语。孤立语的特点是缺乏词形变化，词序严格；屈折语的特点是词形变化丰富，词与词之间的关系主要靠词形变化来表示。英语的这一特点势必在语言应用中表现出来，在日常交际活动中，词形变化除了涉及一般意义的名词单复数、动词时态、形容词和副词的比较级、最高级等的变化外，在特定的语境下，人们经常会构造出一些新词来，以达到简洁表述和诙谐幽默的目的。

英语广告语中也会出现创新词，而且数量不少。这一类词语在各类英语词典中是查找不到的，但是广告受众往往根据已有常识，及其他相关广告图文信息迅速猜出其大致内容。因为创新词外形独特、构思奇妙，所以很能吸引受众注意力，也因而受到很多广告从业者的青睐。从外形特点及构建方式来看，广告中的创新词大致可以分为三类：第一类是通过连字符构建的创新词。这一类比较常见，创新性一般，如 Coca-Colonization 是 Coca-Cola（可口可乐）和 Colonization（殖民化）两个词的合成。第二类是通过截短、拼接和联想等法构建的新词；第三类是通过单词与图形的组合搭配而成的独特的表现方式。相比较而言，第一种形式的创新词出现的频率更高，但第二种、第三种形式更能体现创意，更受欢迎。

汉语是孤立语，难以像英语那样通过词形变化产生新的汉字，但这不等于说汉语没有构建新词的能力。由于经济、科技等各个方面的快速发展，现代汉语里的新词也层出不穷。所谓新词语，指的是先前汉语词汇中不存在，或即便存在，但内容全新的词语，所以新词一般表现在内容新、形式新等方面。有人称新词语是社会的一面镜子，能直观地反映社会的发展，社会越发展，新词语产生得就越多。广告语言是当代汉语的一个重要前沿阵地，广告为吸引受众，迎合受众趋时、求新、尚奇、从众的文化心理，以及自身表达的需要而适当运用新词与时尚词语，反映当代汉语发展中新出现的语言成分与新的用法。

英语创新词主要是通过词的拼接、截断、合并等方式构成，汉语新词的创造和应用一般是想人之所未想、用人之所未用，主要体现在汉字非同寻常的搭配上。广告中汉语创新词的应用可以分为三类：一是社会热点词汇的借用；二是新词的创造；三是中文字词和特殊符号的组合。

先说社会热点词汇的借用。为了尽可能吸引受众，广告语言往往紧跟社会热点，对流行歌词、潮流大片、热播电视、重大新闻、畅销书籍中时尚流行的表达密切关注，能用到的绝不放过。于是每年都会进行网络热词评选，诸如刷脸、高铁游、中年油腻男、尴尬、怼、佛系青年等纷纷走红。

再说新词的创造。除了对其他领域的新词、热词保持关注之外，作为不断地创造流行、演绎时尚、引领潮流的广告，其语言往往拒绝沉闷、呆板、缺少生机，因此根据自身需要，自造新词是广告常有的现象。以德芙巧克力为例，2001 年爱芬食品公司在中国十多个城市同步投放德芙巧克力广告片，广告语"牛奶香浓，丝般感受"首次巧妙地将"丝"字用到食品感受描写当中，以通感的方式来表达德芙巧克力给人带来的如丝般顺滑的口感。此次创新的应用得到了消费者广泛认可，此后公司也延续了这个用词策略，后面连续推出广告语如"尽享丝滑""纵享丝滑""此刻尽丝滑"，美妙独特的用词方式帮助消费者牢牢记住了德芙巧克力的独特品质。而且，这种用词方式还受到其他同行的借鉴。还有如"尊"字，这一表示礼敬的用词在广告语中的应用范围也在不断扩大，很多与之相关的搭配前所未见，都是广告界的首创。

最后是中文字词和特殊符号的组合。这一类创新词的特点是以特殊符号，特别是英文字母和汉字混搭而成，目的是达到新颖奇特、中西合璧、吸引关注的效果。近年来，这类表达越来越多见，人们也慢慢地习以为常了。除了上面英语广告语中用到的心形之类的符号之外，中文广告词里经常混搭一两个英文字母或者单词来满足人们对广告尚奇求新等心理需求。当然还有英文单词和汉语词汇组合的情形，情况就更普遍，为的当然也是能够突出创意，增强广告文字的表现力。

（2）双关

双关修辞法指的是利用词语同音或多义等特点，有意使一个语句在特定的语言环境中具有双重意思，言在此而意在彼，即表面上说甲，实则说乙。广告中常会使用双关语，这种语言技巧可以在语音、词汇、句法等层面上体现。汉英广告语中经常用到这个修辞方法来表现创意，提高表现力。因为汉语和英语的词汇中都存在同形异义和同音异形的现象，这就给广告中双关修辞的使用提供了可能性。通过灵活运用双关语，语言可以更加巧妙地表达意思，增加幽默感和生动性，使人们留下深刻印象并引起思考。常见的双关词大致可归纳为两种：谐音双关和语义双关。

谐音双关是指运用发音相似或相同的单词或短语创造出双重含义的修辞手法。制作广告的人通常使用谐音双关方式来表达，这种方法有趣且巧妙，可以增强广告的议说力和感染力，在观众心中留下更深刻的印象。语义双关是一种修辞手法，其效果通过在特定上下文中运用词组或语句的多重含义来展示，而不改变原有的意思。

客观地讲，无论是英语还是汉语，都不下数十种修辞手法，广告中也是如此，但限于篇幅和主题，本书主要从音、形、义三个方面选取了其中最具代表性的几种。因为是英汉广告修辞手法的比较，有几个地方还是要最后说明一下。第一，修辞就是选择，即选择最适合需要的，以达到特定的目的语言表现手段。因为英汉语分属两个不同语言系统，具有不同的语音系统特征、构词方式、语法规则、思维习惯等，所以中英文广告在选择词语、句式时就会表现出差异，如虽然都存在双关的修辞手法，中文广告中应用明显多于英语，这跟两种语言语音系统和用词习惯相关。第二，修辞手法的应用往往体现着人类的智慧，是综合考虑多种因素后做出的选择。本书将一些修辞方式、广告案例进行分类归纳是为了叙述的方便，但如果非此即彼地判断和应用广告修辞手法便是一种僵化理解。第三，上述修辞方式能够增强广告语的表现力，吸引受众的关注，但是不可以太牵强，分寸的拿捏很重要，否则就可能适得其反，达不到预期的效果是其次，遭到抵制甚至重罚也是常有的事。

三、广告翻译的基本特点

广告翻译属非文学翻译、应用翻译范畴。一般认为，应用文体讲求实用性，语言特点是用词正式、表达准确、格式规范、针对性强、直截了当、条理清楚，如商务信函、法律文书、外贸函电等都不可能含糊其词，否则就会引起麻烦甚至纠纷。与此相对应，应用翻译一般强调实用性、专业性、客观性、准确性。相对于文学翻译而言，应用翻译更强调对原文的忠实，很多时候这种忠实不仅表现在内容上，还体现在形式上。也因此，很多译者倾向于认为应用翻译少有乐趣，枯燥乏味。

然而数年的英汉广告翻译教学经验，以及学生们的反馈告诉作者，广告翻译虽属应用翻译范畴，一些地方和其他应用翻译是基本一致的，如实用性，但必须承认的是它和其他应用翻译类型有很大的差别。如果对这些差别、对广告翻译的特点了解不够到位的话，势必难以做好广告翻译工作。

第一，广告翻译虽属非文学翻译，但兼具文学性。由于非常多的广告语用词精练、结构优美，充满文学艺术魅力，因此广告翻译又具有文学翻译的特点。上乘的广告语一般具有诗歌的某些特点：立意新颖、语言精练、音调铿锵、形象生动。广告语的翻译往往要作较大的变通，以广告语来译广告语，切忌死译。例如，加拿大多伦多市有一经营农副产品为主的商店，商店门楼及橱窗上均写有 Fresh from the Farm 的广告标语。广告用词都为单音节词，浅显易懂，店内产品的品质及来源一目了然，能很快激起人们进店了解甚至消费的欲望。此外，该广告词用到了英文中使用非常广泛的头韵的修辞手法，短短四个单词的广告语，有三个词以相同的辅音开头，读起来非常顺口，令人印象深刻。应该承认，这条广告语虽然不是名家的大手笔，但无论是从结构选词，还是从功能关照的角度上说，都是上佳的广告创作。那么如何翻译该广告语？简简单单四个词的广告语 Fresh from the Farm，其实并不好翻译。仅从字面语义着手，直译为"新鲜来自农场"肯定差点感觉。广告原文创作者明显花了心思，用到了英语中常用的头韵修辞手法，充满音律美；加上采用的是形容词短语，结构简洁，语义清晰，重点突出。广告原文如此有讲究，翻译自然不能随便将就，一定要有"语不惊人死不休"的决心，或者"两句三年得，一吟双泪流"的执着。如果只停留在一般意义上，从规范、忠实、通顺等层面进行思考的话，自然拿不出理想的译文。

第二，广告翻译具有相当的灵活性，不苛求表面上的忠实和形式上的对应。这个"表面上"指的既是文字运用的形式，也指文字的字面含义。广告文案没有十分严格的格式要求，虽然前文提到完整的广告文案一般包括广告标题（Headline）、广告口号（Slogan）、广告正文（Body Copy）、广告附文（Supplementary Items）等内容，但由于广告媒体形式多样，受众获取信息方式存在差别。在实践当中，为了突出核心内容，一些内容便显得无关紧要，甚至可有可无。或者说因为网络信息化时代的发展，读图时代的到来，广告创作愈来愈显得天马行空，无拘无束起来。广告翻译也因此少了形式上的桎梏。更重要的是，源语和目标语之间的语言差异，修辞和思维习惯、宗教与文化风俗等方面的不同都会影响到广告受众对信息的加工。加之广告词往往短小精悍，如果完全按照广告原文的结构和表达习惯来翻译的话，原文的意境和美很可能会大打折扣，甚至会产生歧义，也因此很难达到广告主所期待的效果。有人就提倡用许渊冲先生的"三美论"来指导广告翻译实践，尽可能使广告译文音美、形美和意美，以达到愉悦受众，实现广告功能的目的。从广告语言诗学特征来看，这也是不无道理的。

第三，广告翻译还具有匿名性。应用翻译具有匿名性、指称性、客观性、信息性、暂时性和说教性。不同于诸如科技翻译之类的应用翻译，广告翻译特别是常见广告口号翻译中没有很多专有名词、行业术语、理论数据、技术图表等需要处理，所以指称性、客观性方面的特征并不明显。广告虽然也是一种资讯传播模式，但广告语大多用词简练、含义隽永，其目的在于感召或者鼓舞，不似新闻之类的文体以信息传播为要旨，因此广告翻译的信息性也不突出。

广告翻译的匿名性首先和广告创作的特点密切相关。广告不同于文学作品，文学创作中，除了作者有意为之，一般都会署名，所以古今中外，名家译作都能为人传颂，长留在人们的记忆里。而广告创作则不同，广告创作人员一般是幕后英雄，他们严格按照广告主的要求进行设计、修改、加工、打磨等，直至广告主满意。他们当然也会留上名字或标识，但那都是广告主的，不能和他们自己有什么关系，他们的名字（更多的是他们公司）一般只出现在和广告主签订的合作协议书中。稍加留心就不难发现，无论是何种广告形式，受众看到或者听到的都是广告主的名字，广告创作者具体是谁，往往不得而知。当然大牌的广告公司，著名的广告人可能有时偶尔会被提及，因而被人记住，但那往往也只是为了增进传播效果。

广告翻译也一样需要译者隐身。除了上述广告创作本身的要求之外，作为应用文体翻译而言，其目的性和功利性决定了广告翻译从业人员必须默默奉献。他们很难像文学译者那样通过努力成名成家，也不可能像口译从业人员那样可能因工作出色而一举成名。他们的付出往往在与广告主签订的协议书中得到确认，劳动价值由广告主给付的酬劳来体现，工作完成，货款两清，交易结束，从此互不相欠，而广告译文的成功从此只和广告主有关。因此广告翻译从业人员需要对该职业有真正的热爱，并具备较高的职业操守，否则很难有一流的译作，也不可能有一如既往的坚守。正如很少有人知道一流广告作品的创作者一样，上佳广告译者也同样难以进入公众的视野，其实除了同行，人们一般也并不关心。对译者的忽视是一种广告行业特征，但这种忽视并不妨碍经典广告翻译的大量出现。在中国广告翻译界，堪称经典的广告译文层出不穷，信手拈来，便可见一斑。下面所列几条都是广告业界知名的译作。

原文：Impossible is nothing（Adidas）.

译文：一切皆有可能（阿迪达斯）。

原文：Have a coke and a smile（Coca Cola）.

译文：一杯可乐，一个微笑（可口可乐）。

原文：There is No Finish Line（Nike）.

译文：永无止境（耐克）。

上述广告译文为广大中国消费者所熟知，但和很多经典广告译文一样，译者的身份无人知晓。有时，有的译文实在如神来之笔，业界后来者不仅会连连称奇，也偶尔会刨根问底，追根溯源，但往往难以得到满意的答案，这自然也跟广告行业规范和译者自身的职业操守有关。有好事者努力去了解译文到底出自何人之手，"百度知道"等搜索引擎里高频率的提问记录就是明证，结果多是不可考证，即便有所发现，也模棱两可。多年过去，始终没有人来个"现身说法"。相信译者自然不会站出来，因为他有职业道德，做广告翻译和做人一样，讲究品格。其翻译能力一流，译品自然不低。

四、广告翻译的基本标准

一件事怎么做，做得如何，一般都需要一把尺子来衡量，方能做到心中有数。翻译做得如何，也有评判标准，广告翻译亦是如此。这里有必要先大致梳理一下中西方翻译评价的标准，然后再具体来论广告翻译如何评价才更合理。

在中国翻译界，在论及翻译标准的时候，自 20 世纪 30 年代开始，谈得最多的两个词是"忠实"和"通顺"。开始是梁实秋、赵景深和鲁迅之间关于翻译原则的一场论战，后来译界慢慢基本达成共识，认为忠实与通顺是一个矛盾统一体的两个方面，二者相辅相成，不可割裂。忠实是矛盾的主要方面，在翻译中要首先解决好。通顺是矛盾的次要方面，是第二位的，但在实践中决不可只顾忠实而忽视了通顺，二者必须统筹兼顾。"忠实"和"通顺"也慢慢成为评判翻译好坏的基本标准。

除了上面所说的基本标准，在中国翻译史上，先后有多位前行者就翻译标准提出过自己的论断和更高的要求，其中比较著名的有"信、达、雅""神似""化境""忠实、通顺、美好""信、达、切""三美（音美、形美、意美）"等。在以上翻译标准当中，毫无疑问要数严复的"信、达、雅"影响最广，给译界的启发也最大，甚至到如今也没有失去生命力。但必须指出的是，译界在基本认同"信、达、雅"翻译标准对文学翻译的借鉴意义的同时，很多翻译研究者认为该标准对非文学翻译的指导意义不大，因为很多应用文体本身强调的是准确、规范和严谨，并不追求雅致。

在翻译法国文学作品方面，傅雷具备很高的声望。他的观点是翻译应该强调效果，就像绘画一样，不仅要形似，更重要的是要传达相同的精神内涵。"神似"意味着要准确地传达原文的内涵和韵味，确保原文的意思和感觉得到表达。理想的译文仿佛是原作者的中文写作，必须为纯粹之中文。

任何作品，不精读四五遍绝不动笔，是为译事基本法门。只有能亲身领悟体会原作中的思想、感情、气氛、情调等等，才能谈论翻译的问题。

虽然译著不算很多，但钱钟书的翻译水平非常高超，这也是他作为一位著名的散文家和小说家的特点之一。他的"化境"学派认为，翻译作品应该忠实于原作，以至于读起来能够与原文相媲美，而不是流露出翻译的痕迹。因为一部作品在原文中不会读起来像是翻译出来的东西。如果在将作品翻译成另一种语言时，不会因为语言习惯的不同而显得生硬或牵强，同时也能完美地保留原作的风味，那么这种翻译就可以称为"化境"。

刘重德是一位汇集了各种观点并尝试创新的当代翻译理论家，他将泰特勒的翻译三原则（完整再现原著思想内容、与原著属于同一性质的风格和手法、具备原著所有的通顺）和"信、达、雅"进行了结合，自己也根据个人的翻译体会提出了"信、达、切"的翻译标准。其中，"信"代表保留原文意义，"达"代表译文顺畅易懂，"切"则代表与原文风格相符合。很明显，"信、达、切"和"信、达、雅"仅一字之隔，但这个"切"字的提出却非同一般。它既体现出刘先生对翻译实践更全面审慎的思考，也代表着中国新时代翻译理论的发展。仔细思考，该标准体现出文学翻译过程中译者应该遵守的行为规范，一切以原文本为本，不能有太多的自主性，不能添油加醋，其实也是另一个层面的"信"。

诗词翻译的"三美"是译诗不但要传达原诗的意美，还要尽可能传达它的音美和形美。意美是最重要的，音美是次要的，形美是更次要的。虽然译文没有再现原诗的音韵和形式美，但却成功地传达了原诗所表达的美感，这样的翻译不足以成为一首好的诗，却可以看作是一篇出色的散文翻译。如果翻译只注重音韵和形式而忽略了意义的恰当表达，那么这并不能被称为一篇优秀的翻译。"三美"说提出后，受到译界好评，很多人将它作为衡量诗歌翻译的标准。

　　以上一些中国翻译大家之言论及的都是评价翻译质量好坏的标准，对中国译学的发展影响深远，可称得上泽被后人。综合分析的话，有两个特点，其一是上述关于翻译标准的论述基本上都是围绕文学翻译问题展开的，若以这些翻译理论来谈非文学翻译，其指导意义自然会打些折扣，有时甚至会误导人。其二是"信、达、雅""神似""化境"等说法，听起来概括性强，感觉犹如中国水墨丹青世界，朦朦胧胧，妙不可言。中国写意山水画，讲求"以形写神"，追求一种"妙在似与不似之间"的感觉。这种感觉有时的确很美，但水墨山水画讲究笔墨神韵，不拘泥于物体外表的相似，抒发的是作者的主观情趣。用这种主观感觉的东西作为标准来评判翻译质量，有时确实不好准确把握。

　　相比较而言，中国画主要表现"气韵""境界"，是"表现"的艺术，而西洋画是"再现"的艺术。与此相类似，西方关于翻译标准的论述也更加具体。在西方译界，就翻译标准而言，提得较多的是"等值""等效""对等"等理论。在中国译界提得最多的是对等，从一定程度上说，"对等"涵盖了"等值"和"等效"。"对等"一直是西方译界关注的问题，讨论得也最多。从理论研究视角来分，西方对"翻译对等"的研究一般从语言学、文艺学、交际学等角度来展开。

　　语言学视角的翻译对等研究始于 20 世纪 50 年代，根据语言学家的认识，翻译学者最先提出了"等值翻译"的概念，其核心观点是翻译必须在思想表达上完全精确无误，同时在表达方式和修辞手法上与原文保持完全一致，才能实现等同的效果。后来，等效翻译的核心在于在尽可能准确地传达全文含义的同时，符合话语功能的要求。它包括从音位、词素、词、词组、句子、话语等六个层次考虑翻译，只有在这些层次上都必要且充分地实现了翻译，才能称之为等值翻译。此外，还有一些学者，强调翻译是一门科学，翻译过程中原文的语言和译文的语言具有客观性，可以从语言的各个不同层面如音位、字形、语法、词汇等来探寻翻译活动的普遍规律，从而尽可能实现翻译的"等值"。

翻译的文艺学理论与语言学理论不同，语言学理论强调翻译是一门科学，而文艺学理论则强调翻译是一门艺术。只有当译者和作者的思想情感完全交融，达成共鸣后，译文才能与原文保持一致的风格，从而进入化境。文艺翻译是文艺创作的组成部分，它所追求的是艺术对等，译者应该再现原作的艺术现实，达到艺术效果和灵感层次上的认同。

交际学派关注的是"等效"，或称"同等效果"。在翻译中，语义翻译强调保持原文文化和内容的准确性，而交际翻译则注重确保目标语言读者能够理解和有效交流。在语义翻译中，译者的首要任务是遵循原作者的意图，以作者为中心，解读作者的思想过程，而交际翻译首先尊重读者，以读者为中心，解读读者的意图。语义翻译强调保持原文的内容，重视语义与结构，译文通常比较复杂、拗口；交际翻译则强调译文的效果，为让读者读懂，允许对原文加以增删整合，所产生的译文通常通俗易懂、自然通顺。一种优秀的翻译应该将原著的所有优点尽可能地传递给目标语言，让译文所在的国家的人们能够清楚地理解并深刻地感受，就像原著语言使用者所理解和感受的一样。

近年来，中国译界最为关注的是被誉为"当代翻译理论之父"的美国语言学家、翻译家、翻译理论家尤金·奈达。20 世纪 60 年代，他提出"动态对待"理论，即翻译所产生的效果与原始接收者对原文的效果相同，实现的方法可能不同。为了实现动态对等，译者需要从多种翻译方式中选择最能准确还原原文意思的一种。在评估翻译质量时，不能仅仅比较单词、语法结构和修辞手法的相对应关系，重要的是接触译文的人有哪种程度的正确理解，因此"功能对等"最根本的是必须比较原文读者和译文读者是怎样理解原文和译文的。二者并无本质区别，为了避免误导人，后者能够凸显翻译的交际功能，消除误解。如果原文中的信息无关紧要，就没必要翻译出来，而如果信息重要的话，按原文的方式把它译得模糊不清也没有好处，除非原作者故意为之，翻译是将原文的信息以最贴切、流畅、相当的语言表达出来。

应该承认，西方的翻译理论，尤其是基于语言学发展的研究理论，相对于中国译论而言更加清晰、明确，更容易把握。然而，不管是"等值""等效"还是"对等"，不管是语言学派，文艺学派，还是交际学派也都存在视角盲区。语言学派忽略了译者翻译活动时的主观能动性，忽略了翻译的艺术性特点。文艺学强调了译者的能动性和创造性，但忽略了语言因素在翻译中的重要地位，忽略了作为信息载体——语言有其内在规律可循这一重要前提。交际学派忽略了原文与译文间可能的文体差异、风格差异及不同的翻译要求、受众期待等因素。现在，越来越多的译者认识到翻译是一项系统工程，牵涉到诸多的学科领域。在翻译过程中，由于语言、文化、思维差异客观存在，译文难以和原文达到绝对等值，译者除了从语言和文化等角度出发充分获取语义上的等值外，还要从美学、文体等方面去了解翻译的特定要求。

不同类型的文本应该有不同的翻译评价标准和翻译策略，以呼吁文本为例，此类文本不仅仅以语言形式传递特定信息，而且通常还表现出独特的视角、明确的目标。对于呼吁文本而言，源语中同样效果在目标语中的保持是至关重要的。这意味着相对于其他形式文本而言，译者需要更多地脱离原文的内容和形式。因此，译者在翻译呼吁性文本时，具有相当的灵活性，不过源语文本内在的吸引力必须尽力保持，但这样一来，因为语言间的各种差异性，要在翻译中保持原文本所有的元素是几乎办不到的。按照上述标准，广告文本属呼吁文本，有其明确的呼唤关注、劝导消费的功能和要求，广告译文也必须达到同样的目的，也即上文提到的功利性。

因此，广告翻译成功与否、评判标准不取决于其他，只取决于市场是否认可，是否能通过广告把有关产品（包括理念、服务）推销出去。与此相一致，广告翻译可以在原文的基础上，在原广告资讯框架内，必要时甚至可以离开这些框架，进行重新创作。上流的广告，首先必须是具有创造性或创意的广告。虽然广告翻译也非常看重译文的忠实和通顺，但用纯学术的观点来评判广告翻译的优劣难免进入误区，真正衡量广告翻译好坏的标尺，应该看广大广告受众即消费者的认可度、市场的接纳度。广告翻译中不特别强调原文的重要性，翻译后读者的反应可能与原文读者的反应基本相同，也可能会更加积极。

在进行广告翻译时，不必担心译文的表现力会超过原文，也不必担心译文的表达效果不如原文。这与广告文本的目的，即以市场为导向的文体创作完全相符。因此国内的"信、达、雅""忠实、通顺、美好""信、达、切"等翻译标准，国外的"等值""等效""对等"等理论都不可照搬来评价和指导广告翻译。如果明晰了这个原则，并以此为指导的话，英语广告翻译译者就能更多地从广告受众的消费习惯、广告投放区居民的偏好、目标语即汉语的角度上进行思考，这样做出来的翻译才可能达到原广告文本的效果，甚至还有可能超越原文本，也最终能得到市场的认可。

由于翻译的多样性，译者偏好不同、读者个体差异、时代背景影响、审美情趣的变化、翻译功能的区别、翻译环境的变化等势必导致翻译标准的多元化。在翻译标准系统中，绝对标准与具体标准在统一性和多样性方面形成了一种既对立又融合的关系。翻译系统由三个独立的组成部分组成：绝对标准（原作）——最高标准（抽象标准、最佳近似度）——具体标准（分类）。绝对标准是最高标准的标准，最高标准是具体标准的标准。在翻译标准系统中，主标准和次标准之间相互作用，从而导致动态变化。就广告翻译而言，广告主肯定、受众认可、市场评价良好的译文才是优秀的译文，因此市场评价应作为广告翻译的具体评价标准。当然这个标准也应该和绝对标准、最高标准一起综合考虑。

第二节 广告翻译的指导原则

人类任何大型系统性活动都需要指导性纲领，要有合理的指导原则，否则就容易导致混乱。翻译三原则即译作应完全复写出原作的思想；译作的风格和手法应和原作属于同一性质；译作应具备原作所具有的通顺。该翻译三原则标志着西方译学研究从此走上了从理论推证理论的道路，也很大程度上影响着后来的翻译理论与实践。

就应用文体翻译研究而言，德国的功能学派更引人关注。了解翻译导向的文本类型理论可以指导我们分析不同类型文本的特征，进而制定适合的翻译原则和策略，以确保翻译结果忠实于原文含义，这种指导具有重要的意义。功能学派认为翻译文本可以分为信息文本、表情文本、呼吁文本和视听文本等四种类型，不同文本类型应该有不同的翻译原则和策略。就呼吁文本而言，保持文本中内在的吸引力非常关键，因此语言的外在表现形式、无关紧要的因素完全可以忽略。这对属呼吁文本的广告翻译而言，具有非常积极的指导意义。

在中国，随着市场化经济的蓬勃发展，非文学翻译活动日益频繁，非文学翻译研究也取得长足的进步。鉴于非文学翻译和文学翻译之间差异的客观存在，以及非文学翻译发展的客观需要，很多中国学者开始尝试从理论层面提出应用翻译原则，如"看、易、写"翻译原则、目的指导下的功能原则与规范原则等，其中影响力较大的是应用翻译三原则："达旨、循规、喻人"，达旨——达到目的，传达要旨；循规——遵循译入语规范；喻人——使人明白畅晓，三者各有侧重，互为因果。

无论是中西方译论，就应用翻译而言，任何形式的文体翻译，都有其需要达到的特定目的，读者的也有其特定需求，不可不察，不可不一一区别对待。因此，虽然从宏观上应该遵循上述翻译原则，但广告翻译因为其自身的特点，也应该有一套更具体，更适用的指导原则。根据广告文案的创作要求，广告语言的一般特点，广告翻译的特殊性，及作者数年广告翻译教学经验，觉得可以从创意求新、译文求顺两个方面来归纳广告翻译的指导原则。

一、创意求新

创意求新是广告翻译的第一指导原则，广告创作第一看重的是创意，人云亦云的广告词很难引起足够的关注，这自然是广告主所不愿意看到的。广告翻译作为一种翻译活动，理论上应该以原文为本，译者只需要忠实于原文的形式和内容即可，是不需要特别的创意和主观能动性的发挥。但在真正的广告翻译实践中，恰恰与之相反，大量经典的广告翻译都表现出译者新颖独特的创意，读来令人耳目一新。因此可以说，没有任何创意的，跟在原文后面亦步亦趋的广告译文很难有旺盛的生命力，是很快会被市场淘汰的。

广告翻译活动需要译者的创意，而且创意还应力求新颖，这可从广告翻译为什么需要创意、如何创意、创意需要注意的问题等三个方面来进行说明。

首先，广告翻译需要创意。翻译绝不是一种机械性的工作，而是一种创造性的工作。一个好的翻译不但要精通两种语言，还要了解与这两种不同语言密不可分的两种不同的文化。随着当前中西方文化交流越来越频繁，不断出现一些特例，我们不应仅仅停留在争论译文是否"忠实""等值"的表面层面上。相对而言，我们需要探究这些特例产生的原因、译者使用的翻译战略和技巧，以客观、全面的方式观察、描述和阐述。借助这些研究成果，我们应当推翻传统的全盲翻译观念，提出全新的理论观点，为翻译研究确立新的视点。

广告翻译还需要对广告创作有一定的了解，前文提到广告创作离不开创意，创意既表现在广告整体设计的匠心独具上，也表现在语言的巧妙运用上，独特的语言创意往往能有效打动广告受众。翻译时，由于两种语言差异必然存在，广告原文独特的创意按照原文表现方式直译出来的话，势必达不到同样的效果，甚至非常有可能出现歧义。毕竟英汉两种语言都有各自的词汇特征、句法特点和表达方式，经常出现的情况是，原文的内容很难在译文中找到形式和内容都非常相近的表达。在这种时候，译者可以甚至必须不拘泥于原文形式，在译入语中寻求能够表达这一内容的最佳表达方式。这里讲的不拘泥于原文形式说的是译者的灵活性，在广告翻译中灵活性显得更加重要，那种词句貌似不对应，意义表面不一致，但译文地道流畅，精神和原文契合，感觉和原文神似，甚至超越原文的译文表现出的往往就是语言运用上的独特创意。在应用文体翻译领域中，广告翻译的目的是让产品在市场推广中得到预期效果。因而，将广告翻译出来具有功利性。广告的功利性特征较强，这就要求在翻译时需要考虑一些与一般标准存在分歧的翻译原则。

英汉语之间存在巨大语言和思维差异，如英语句子结构相对紧凑，多一元表述结构，复杂信息整合性强，主从结构分明，关联词语丰富，逻辑层次清晰；汉语句子相对松散，多二元表述，一句话往往分成两句说，长句偏少，关联词语的使用频率不及英语高。如此鲜明的对比说明，在讲究尽可能捕捉受众注意力、减轻受众阅读负担的广告文体中，一味顺应原文表达结构的语言运用是绝对行不通的。很显然，愚忠则死，变通则活。在充分感知原文语义，了解原文功能和广告主需求之后，译者可以发挥自己的主观能动性，找到最贴合原文语义、最符合译文读者阅读习惯的语言结构。

翻译创意发挥时需要注意一些问题。广告翻译创意不同于广告创作，广告创作是创意的艺术，创作者很多时候可以无拘无束、天马行空，充分发挥自己的想象力和创造力。而广告翻译的创意受到一些因素的制约，要注意以下两点。第一，广告翻译容许合理的创意，但翻译不等于创作，创意不等于随意。这就从本质上规定了广告翻译必须要有所本，必须忠实于原文。本节提到广告翻译的创意主要表现在语言表现形式选择方面的灵活性，译文内容，或者说译文精神内涵必须和原文是高度一致的。第二，广告翻译的广告特性保持不变。广告翻译是从源语到目标语的语言文化转换活动，译者必须清楚无论采取什么样的翻译策略，翻译文本的文体特征必须了然于胸，广告的语言特征、文体功能、目标受众的语言习惯等都必须了解和遵守。

二、译文求顺

广告翻译的另一个原则是"译文求顺"，此处的"顺"有双重含义。

第一为"通顺"，和严复所提的"达"有近似之意；第二为"归顺"，归化顺应译文语言文化习惯，也即"归化"为先。第一层含义比较容易理解，因为一般的翻译都讲求通顺，遑论广告翻译。如果广告译文颠三倒四、思路混乱，那能吸引谁的注意，又能提升谁的消费欲求呢？毫无疑问，本身不通顺的译文连广告主那一关都过不了的，消费者是不大可能遭遇到这样的广告译文。

这里需要特别说明的是第二层含义，译文求顺、"归化"为先的策略。一般认为，"归化"和"异化"是一组相对的概念，是译者在处理源语语言文化时所表现出截然相反的两种翻译态度和策略。归化指翻译活动中，译者向读者靠拢，把译文读者和译入语文化摆在优先位置，译者必须像本国作者那样表达，用译入语常见的表达习惯、文化风俗、价值观念等来替换源语中的相关内容，常见的情形是，原文的比喻、意象、固有观念等被译入语中有类似内涵但字面含义截然不同的词汇替代，这样一来译文可读性和欣赏性增强，对于译入语读者而言阅读更轻松，但是原文中文化信息不能有效地输入到译文里。

异化与之恰恰相反，译者向作者靠拢，把原文和源语文化摆在优先位置。译者在翻译时会尽可能保留源语的表达方式、文化观念等，因此译文读者往往能更多更真实地通过译文了解原文风貌、表达习惯、思维方式、异国情调等。当然异化译文的阅读对读者而言常常是一种挑战，因为自己惯常的习惯不断会被打破，思路经常受到干扰。

1995 年，翻译理论学家劳伦斯·韦努蒂提出了"归化"和"异化"两种翻译策略，这些策略旨在保持原文意思的基础上进行翻译。在归化翻译中，译者会将原作者的作品转化为译入语文化中的表达方式，而异化翻译则会尝试保留原作中的语言和文化特点，让读者有机会了解外国的文化背景。从这里可以得出结论，直译和意译归根结底是基于语言层面的价值取向，而异化和归化则更关注于文化背景和价值观的统一性。它们之间的差别十分显著，不能混淆使用，其实赖斯也提出过归化的策略。根据赖斯的观点，对于呼吁文本而言，翻译应该采取归化方式以给译文读者带来同样的影响。

客观上讲，归化和异化两种翻译方式对立统一、相辅相成，各有其适用范围和价值，难分出孰优孰劣，其实绝对的归化和绝对的异化也都是不存在的。根据时间的发展，需求的变化，文本类型的区别，归化抑或是异化，又或者二者的杂合都会被关注和用到。译者及翻译研究者应有的态度是具体问题具体分析，不断细化其应用范围和适用规范，拓宽理论视野，促进理论繁荣和翻译事业的进步。

本书将"归化为先"视作广告翻译的一个重要原则是基于以下原因。首先，广告语言的特点之一是语言浅易，避免晦涩难懂。这主要是因为广告受众面一般较广，受教育程度参差不齐。语言艰深难懂的话，受众会很容易拒绝进一步了解广告内容。中国广告业界就有一种代表性观点，即中国市场的语境只属于汉语和汉语中的方言和俚语，所以好的文案一定尊重母语。与此同时，广告内容难懂、文字拗口、不符合受众文字阅读习惯的话，受众了解广告内容的时间自然会拉长，而这也是广告传播的一大忌讳。不被人关注事小，更严重的是遭人抵制，甚至惹上官司，给广告主带来负面影响。广告界因忽视广告受众文化心理习惯而受牵连的案例屡见不鲜。

此外，必须承认的是，在广告翻译实践中，绝大多数翻译，尤其是经典译例都是归化的翻译，因为译者和广告主都非常清楚广告受众的偏好就是他们选择的方向，除了产品本身的卖点，广告文案的设计，广告媒介的选择等要素之外，受众的语言表述方式，风俗传统习惯等都必须完全顺应译文受众。那种逆译入语语言文化习惯的广告文字好比向译入语受众宣战，是冒天下之大不韪的行为，是注定会被市场摒弃的。

第三节　广告翻译的技巧

翻译活动为一系列的步骤，每一个步骤都会涉及一次选择，翻译的过程是译者不断进行选择的过程。这一过程既包括关于翻译策略等宏观层面的选择，如对归化或是异化翻译策略的选择，也包括微观层面的各种翻译技巧的选择。

上文分析的"创意求新、译文求顺"是广告翻译指导原则，视野相对宏观，要求比较全面，可以看作是广告翻译应该遵循的总体方针，但客观上，这些原则是一般化的要求，不够具体，对于广告翻译实践活动而言，缺乏一定的针对性和可操作性。同时，要真正完善广告翻译理论体系构建，真正有效地促进广告翻译能力的提升，还要深入广告翻译研究，其中对微观翻译技巧的讨论必不可少。下面对这几种技巧的一般内容，及其在广告翻译中适用情形、注意事项进行分别论述。

一、合译

改变源语词组或句子结构，将两个或多个源语音位、词语、词组或单句合译成一个音位、词语、词组或单句的翻译技巧叫作合译，也称"缀合"或"融合"。其主要功能是化繁为简，避免行文拖沓。合译的基本原则是合形不损义不贬值。广告翻译要求译者在多数情况下要做到节约用字，简洁凝练，所以合译自然是能够满足此项要求的最佳译法之一，具有明显的归化与意译倾向。

二、转译

通过改变词类、句式、时态、语态或语气的方式将源语转换为目标语的翻译技巧就是转译，又称"转换"或"换译"。转译有时具有强制性，即不转换就译不出来；有时则具有选择性，即可转可不转。转译又可分为词类转换与句法转换两种。

一是词类转换。英汉之间的词类转换通常是名词与动词、介词与动词之间的转换，而一个句子中一旦有一个译词采用了词类转换，那么就极有可能给周边词汇带来一连串的强制性转换。

二是句法转换。由于英汉之间在时、体、态上存在较大差异，句法转换也就成了一种最为常见的句法变通手段，其转换类型具体包括肯定否定句转换、单复句转换、时态转换、语态转换与语气转换等。值得注意的是，句法转换中的肯定否定句转换因独具特色而常被人们视为一种独立的翻译方法，即"反译"。换句话说，就是源语词语或句子如果是正面表达的，目标语就换用反面来表达，反之亦然。其主要功能是进行语气调节，或使译文带有主观色彩，显得比较直接武断，或者带有客观色彩，显得比较委婉含蓄。反译有时是强制性的，因为说英汉语的两个民族思想逻辑和表达方式不一样。同一个概念，一个民族正面说，认为是合乎表达习惯的，而另一民族则认为反着说才顺嘴。这种译法有很多别名，如"反面着笔法""逆向译法""正说法与反说法""正说反译法与反说正译法"等。

转译的基本原则是换形不换义、不换值，主要功能是实现双语的灵活对应，在广告翻译中有着极其广泛的应用，具有明显的归化与意译倾向。

三、增译

增译是在翻译时按照语义、修辞或句法的需要，增补一些词以忠实通顺地表达原文思想内容的方法，因此增译也表现出译者一定的主动性。增词的处理方式往往是因为直译无法使译文读者完整获知原文内容的情况下使用的，这种情况一般来自语言结构和文化习俗两个方面。

在广告翻译活动中，增译也是经常用到的一种翻译方法。上文提到的诺基亚等广告语翻译其实也都用到了这个方法。增译法一般包括两种情况：一种是由于语言间文化空缺的存在，译者必须对原广告文本中某些关键词的词义进行挖掘或扩充，将原文的深层意思加以发挥，或使其隐含意思凸显。另一种情况是由于广告语言的特殊性，译者必须迎合广告受众的语言习惯，来进行译文词句结构的选择。

英汉广告互译活动中，英译汉增译的情形要明显多于汉译英增译的情形。这主要是由于两种语言的表述习惯不同，一般认为汉语是意合的语言，语言表达靠语义统领，逻辑关系不强调外显，因此多重复用词。排比结构强调对仗工整、音韵和谐。英语则是形合的语言，关联词丰富、逻辑结构外显，主从关系明晰，一般不重复。因此，英汉广告翻译活动中，译者在充分理解原文语义的基础上，可从押韵、对仗、对偶句等中国人喜闻乐见的形式着手去思考，必要的时候进行文字的合理添加。

类似的例子，如浪琴表广告语，作为拥有近两百年历史的瑞士名表，浪琴曾推出过"时间教我，认真爱你""圈住时间，感谢有你"等广告语，但最出名的还是下面这句广告语"Elegance is an Attitude"和它的中文翻译。网上流传最广的有两个译文，分别"优雅是一种态度"和"优雅态度，真我性格"。前面一个是直译的译文，无论是从形式还是内容上看都忠实于原文，没有问题，也受到一些读者的喜爱。但是，比较而言，第二个译文受到了更多的青睐，究其原因无外乎其表现方式更符合国人的胃口，这点和广告语言应该顺应目标受众语言文化习惯的原则一致。但是，这种顺应明显导致了译文信息的增加，对句的后半句完全是译者添加进去的内容。当然这种添加是综合考虑产品功能、原文内涵、译文结构之后做出的，因而是合理的。

四、套译

套译法一般指借用译入语中的俗语、谚语、习语、诗词、名言等来表达源语内容相近的结构，以期达到传神达意的目的。这种译文能够让人快速产生似曾相识的感觉，迅速拉近译文读者和译文之间的距离，从而有利于资讯的推广。套译法一般有两种，一种是用目标语和源语相对应的句型互译。不同语言间存在内容和形式比较接近的句型结构，翻译时一般可以套用。另一种是同义习语的互译。这是因为翻译活动中，有时在译入语可以找到内容、形式、修辞色彩和源语大致相符的习语，因此可以采用套译法。在广告翻译中，第二种套译方式比较多见，尤其是套用目标语中相对固定、大众喜爱且耳熟能详的表达方式如格言、谚语、名句、诗词及流行语等，巧妙地传达原文思想。

这种方法能体现出译者对译入语的掌控力，和对译文读者阅读习惯的关照。和意译一样，套译法让译者在翻译处理原文时有一定的自由。但和意译不同的是，译者在套译的时候，必须要以目标语中已有的惯用表述为蓝本，完全或者部分地进行套用。套译的方法因为其表述不仅非常符合译入语受众的表达习惯，而且还能让人既有似曾相识又有耳目一新的感觉，所以在广告翻译中受人推崇，使用较多。

较早使用套译策略的典型译例是丰田汽车的广告语"Where there is a way，there is a Toyota"，广告原文本身也采用了仿拟的修辞手法，明显套用的是英文常用谚语"Where there is a will，there is a way"，巧妙地把汽车品牌名称嵌入到其中。该广告语的译文"车到山前必有路，有路必有丰田车"可谓人人皆知，采用的就是套译法。广告原文借用了谚语，译文套用了译入语受众熟知的一句古诗词，虽然译文存在信息的添加，但主旨内容和原文高度一致。该译文一出，立即受到大众认可，也一下子拉近了该品牌汽车和中国消费者距离，从而极大地促进了品牌形象在中国的推广。

五、不译

不译顾名思义是不经过任何翻译处理，直接把原文的词语或结构移植到目标语当中的处理方式。这种不做翻译处理的翻译方法在广告翻译及其他文体的翻译当中都偶尔会出现，在广告翻译中，"不译"的应用主要多见于以下两种情形。

第一种为名称不译，主要指广告中公司或产品名称不译的情形。由于科技日新月异，经济迅猛发展，新公司不断涌现，新产品也层出不穷，于是各种外来产品的推广广告也纷至沓来。加之中国国民教育水平整体提升，人们英语认知能力稳步提高，与之相伴随的是大众对国外文化和商品好奇心的逐步增强。在这种背景下，越来越多的外国新公司、新品牌在进入中国市场时选择名称不译的推广策略，而且效果也确实不错，其中最具代表性的是苹果公司。苹果公司锐意进取，注重新品研发，数码电子科技全球领先。仅近十数年间，其开发出的产品众多，如ICloud、IPad、IPhone、IPod、

IMac、IOS 等，很多产品还有不同的产品系列如 IPod touch、IPod classic、IPad Air 2、IPad mini 3 等，这些为数众多的产品大多没有中文译名，但在中国市场的受欢迎度也似乎没有受到影响，甚至还更显时尚。不难想象的是，为了名称统一和用词简洁考虑，这些产品名称在英文广告汉译时常采取不译的方法。

第二种是短语或短句结构不译，此类情形常见于比较精练而且易懂的广告口号当中。由于语言和文化差异，译者要么一时难以从目标语中找到恰当的表述，要么为了达到特定的目的，如幽默或者制造异域风情，于是索性不进行翻译。这里需要再补充两点：首先这类口号必须短小而且通俗易懂；其次，大部分广告译文受众对原广告文本语言有一定的了解，对原广告文本语言持开放或者欢迎态度，或者至少对该语言不反感。近些年来，沿海发达城市也慢慢出现这种处理方式。

第五章

影视翻译理论

影视翻译就是以银幕空间、特定时间、镜头和场景切换为艺术手段，将文学语言转化为影视语言。本章为影视翻译理论，包括四个方面的内容，即影视翻译的概述、影视翻译的策略和方法、影视翻译的技巧、影视翻译的基本操作规范。

第一节　影视翻译的概述

一、中国电影翻译的发展历史

从 1896 年中国人第一次看到电影到 1905 年中国人拍摄第一部电影，从 1917 年中国人第一次海外传播中国电影到 1949 年中国人第一次译制外国电影，中国电影发展的历史已长达一个多世纪。电影翻译在中国走过了漫长而曲折的探索之路，翻译方式几经变化。从最初的默片配中文字卡，到"译意风"的运用，到配音译制，再到今天的原声字幕翻译，电影翻译在历史长河中清晰可辨。按照翻译方式的不同，可把中国电影翻译史划分为电影口译、字幕翻译和配音译制三个阶段。这三个阶段并不是线性的年代相接，各种电影翻译方式存在长时间的共存。

（一）电影口译的发展历史

1. 默片现场的解说

光绪三十一年，清廷特派五大臣出洋，这五位大臣是辅国公爱新觉罗·载泽、湖南巡抚端方、户部侍郎戴鸿慈、兵部侍郎徐世昌和商部右丞绍英。考察回国时，端方带回一架电影放映机，并在宴请载泽时放映电影，由通判何朝桦在旁边进行说明。通判何超桦应该算是我国较早的西洋影戏翻译解说员了。

现场解说剧情的电影翻译方式始于 1905 年，普及于 1910 年至 1920 年间。本节之所以将此种电影翻译方式截止到 1922 年，是因为从 1922 年开始出现了新的电影翻译方式——字卡翻译，但这并不意味着新的翻译方式一出现，旧的翻译方式就"寿终正寝"了。现场解说剧情与字卡翻译这两种电影翻译方式共存了很长一段时间，部分地区解说员现场解说的翻译方式持续到了 20 世纪 20 年代中后期。

2. 译意风口译

译意风，又译"夷耳风""国语风"，是电影院为听不懂英文的中国观众而安装的一套听筒设备。译意风构造很简单，是一具成音周率放大机，译意风说明员针对电影放映时的情节和对白把它译成另一种语言，经过麦克风和扩音机通到电影观众所戴的双耳听筒里，于是电影上的外国对白，就译成了中国语，这期间也许还加些音乐配音，可以帮助许多不懂外国语的观众增加趣味和欣赏力。1939 年 11 月 5 日，译意风在上海大光明剧院初试成功，标志着电影译意风的诞生。然而，直到 11 月 9 日，上海大光明剧院才首次运用该设备向观众播放沃纳·巴克斯特主演的《风流奇侠传》这才正式拉开了译意风口译事业的序幕。影迷常常称呼译意风翻译女士为"译意风小姐"，表达出他们对她的亲切之情。当时需要报告员满足三个条件：

第一，英文基础需要出色，能够充分理解片中对话的意思；第二，她的国语非常流利，百姓们听得懂她的翻译。第三，其声调低沉且悦耳，清晰而富有力量，同时不会影响到观众的听觉体验。

1939 年至 1950 年，译意风的发展历程可划分为萌芽期、沉寂期、发展期、衰落期四个时期。

（1）萌芽期

以"译意风"为检索项对 1872 年至 1949 年间的《申报》进行检索，共得到 2316 条报道，时间跨度为 1939 年 11 月 5 日至 1949 年 5 月 27 日。《申报》首条关于译意风的记录是 1939 年 11 月 5 日，这与上文提到的上海大光明大剧院初试译意风日期相吻合。继大光明剧院安装译意风之后，南京大剧院于 1941 年 9 月开始装置译意风设备，并在 1942 年 1 月 8 日正式开始服务观众。随后，上海专营西片五大影院中的其他三家国泰、大华、美琪也陆续装置了译意风。

（2）沉寂期

随着 1941 年年底太平洋战争的爆发，日本逐渐管控上海电影行业，从 1943 年开始严禁各大影院放映好莱坞影片，上海除大华影院还用译意风播放了一段时间的日语片外，其余影院的译意风悉尽拆除。这一点可从《申报》1943 年 5 月 28 日最后一条关于译意风的新闻报道，以及随后 1944 年至 1945 年无相关报道得到印证。由此可见，译意风继萌芽期后经历了三年之久的沉寂期。

（3）发展期

1945 年 8 月 15 日日本无条件投降后，大量好莱坞电影再次进入中国市场，各大影院纷纷重新启用沉寂了三年的译意风，拉开了译意风快速发展的序幕。《申报》1946 年 1 月 16 日登出了招聘译意风报告员的启事，1946—1948 年该报纸上相关新闻报道有 2 006 条之多。1946 年 12 月 1 日天津明星影院装置译意风。1947 年，译意风已推广到京沪线上的苏州和无锡，沪杭线上的杭州。同年，北平美琪、平安、真光等各影院也都安装了译意风。1948 年 2 月 10 日，南京国民影院开始使用译意风。1946 年影星马陌芬改行做译意风安装生意，据其所述，上海译意风公司的组织范围极大，老板有数十位之多，1946 年 4 月内安装使用译意风的戏院有金城、金都、国联、国际，足见译意风事业在这个阶段的蓬勃发展。此外，1947 年《中央日报》报道译意风票价大幅上涨，也证明了译意风在该时期的辉煌。

（4）衰落期

在译意风发展的辉煌时期，配音译制开始出现。1946 年 10 月 16 日，大华大戏院上映了第一部真正的汉语配音故事片《泰山纽约历险记》。实质上，这部影片的配音就是把译意风小姐的声音转录到了影片声带上，并非严格意义上的分角色、对口型配音。随后，1948 年 1 月 8 日大上海大戏院公映了由 20 多名华侨译配的意大利电影《一舞难忘》，从此中国人看外国电影结束了幻灯字幕时代、译意风时代，进入译制片时代。新事物代替旧事物不是一蹴而就的，需要一个缓慢的过程，译意风不会因译制片的出现而马上消亡，这两种电影翻译形式必然会并存一段时间。《申报》上开始刊登招聘译意风男报告员的广告，这就说明译意风这种电影口译方式还在与配音译制进行竞争，各影院也在极力改进之前译意风所有角色均由一名女性翻译的弊端，进行分角色口译的大胆尝试，但终究无法阻挡前进的历史车轮。1949 年 8 月，由东北电影制片厂译制的新中国第一部译制片《普通一兵》全国公映，9 月东北电影制片厂翻版组成立。1949 年年末，陈叙一任组长，加上两位翻译、两位导演共 5 人，搭起了上海电影制片厂翻译片组的班子。新中国成立前后，为抢夺中国市场，苏联大量发行汉语配音片，美国也采取对白汉语化的手段进行竞争，配音译制慢慢地被观众所接受并成为一种风尚，译意风逐渐成为摆设，并慢慢淡出了电影翻译的舞台，所以 1949 年至 1950 年为其衰落消亡期。

（二）电影字幕翻译的发展历史

电影产生之初为无声电影，至于是否要在无声电影上加入字幕对影像进行说明，产生过两种截然不同的看法。一种观点认为影像动画是"世界语"，不同文化背景的观众看到影像动画都能理解其中的喜怒哀乐，根本没有必要插入字幕对影像进行说明。此外，添加过多的字幕还会影响动画的完整性与持续性，更加妨碍对电影的理解，因此声称无声电影上添加字幕是一种堕落。另一种观点认为电影中演员的表演是有局限性的，他们的对话及内心活动不用字幕是无法表达出来的，必须添加字幕，这是电影技术发展的需要。争论的结果我们已经知道，那就是在无声电影上添加字幕。文字字幕一添加，新的问题就出现了，即字幕在不同语言之间的翻译问题。在无声电影和有声电影中，文字呈现的形式有着显著的不同。初始时，摄像机记录下了一个有文字的背景，随后将其嵌入到电影中，最终在整个画面中呈现出来。电影字幕的阅读方式和传统文字文本类似，观众能够通过这种方式获得别具风味的文本阅读体验。后者一般出现在不遮盖银幕画面的屏幕下方，有时也出现在屏幕的两侧，在影片中伴随着声音而同步出现。

1. 无声电影的字卡翻译

1921 年，孔雀电影公司程树仁借鉴欧美在影片上打印字幕的经验，最早在美国电影《莲花女》中加入了中文字幕。此种方法先例一开，各家电影公司及影院纷纷效仿，聘请懂外文的华人从事字卡翻译工作。在程树仁编写的《中华影业年鉴》上，他专门列有"译片者及其作品"一栏，记载当时除自己外，还有陈寿荫、潘毅华和顾肯夫三人从事字卡翻译工作。由此可见，到了大约 20 世纪 20 年代后期，无声电影的字幕翻译方式普遍采用字卡，这一方式已渐成潮流，据当时的报道和影院发行的说明书显示，中文字幕卡的应用持续增加。1926 年，当中央大戏院放映美国电影《球大王》时，片子的说明书特别强调每个场景都有中文字幕，这篇说明的作者是潘毅华先生。那年，一部以卓别林为主角的电影《马上快婿》在中英大戏院上映，潘毅华先生为该电影提供了中文解说。值得一提的是，这些说明没有改变原有电影的意思。共和大戏院在 1928 年上映了一部电影，题为《绿林翘楚》，由范朋克担任主演，他是一个美国武侠明星。有趣的是，该影院特别注明了采用了西方音乐并配有中文翻译。这表明在 20 世纪 20 年代后期外国无声电影加译中文字卡已成为普遍现象，引起了懂外语人士的注意。

2. 有声电影的字幕翻译

上述所提到的中文字幕均由国人所译，而且所翻译的均为外国无声影片，80%以上都是好莱坞电影。1927 年，好莱坞第一部有声电影《爵士歌手》在中国放映；1931 年 3 月，中国第一部蜡盘发音有声电影《歌女红牡丹》在新光大戏院公开上映；同年 6 月 21 日，又试映了我国第一部片上发音的有声片《雨过天晴》。随后，有声电影开始愈来愈多，外国有声电影对不懂英语的观众造成的理解障碍也愈来愈大。上海几家一轮影院开始尝试在银幕下用幻灯片配合有声电影放映中文字幕。由于外语影片在中国的放映以有声版为主，这对于不懂外语的观众来说，产生了相当大的影响。随后，上海的大多数二轮以下电影院在播放外语电影时都开始使用幕下幻灯来添加字幕，但是仍有一些一轮电影院没有采用该设备。由于这种情况，外国片商因此开始在影片中添加中文字幕。面对国人对外片进行字卡翻译的趋势愈来愈烈，好莱坞的电影制作商也意识到了这一问题的紧迫性。他们开始考虑在有声影片的拷贝上直接添加片上字幕，然后再发行至各国。考虑到这一情况，好莱坞制片商开始思考采用将影片的译文直接配在拷贝上的方法，以替代传统的片上字幕。据报道，最先采取此举的公司是派拉蒙，之后，米高梅、20 世纪福克斯、华纳兄弟等纷纷效仿，这种做法快速流行开来。在 1936 年左右，中国开始上映带有字幕的美国电影，这也是美国电影进入中国市场的繁荣时期。1937 年 3 月 14 日，中央大戏院播放了米高梅制作的电影《借妻》，该片由史本塞·屈塞主演，广告上注明该片配有简单易懂的华语字幕。

这说明当时广泛采用了片中字幕翻译的方式，相比较于幻灯片字幕，该方式的效果更好，因而更加受到观众的欢迎。这种做法一直在好莱坞沿袭下来，如在二战后输华的电影《居里夫人》，会在片头标注全片自带中文说明，而片中则采用字幕来呈现汉语翻译，这也成为 20 世纪前期好莱坞电影中最流行和广为接受的汉语翻译方式。

（三）电影配音译制的发展历史

配音可以分为广义和狭义两类。从广义的定义来说，配音是指为影视作品添加声音元素，包括但不限于演员的对话、解说、音效和音乐等，以便为观众呈现一部完整的声音艺术作品。这种声音元素的添加可以是在现场录音之后进行的，也可以在放映时根据影片需要进行。狭义配音特指配录影视作品中的人物语言。配音翻译则是任何在视听作品中以一种声音覆盖另一种声音的行为，常见的配音翻译方式主要有配音译制、画外音、电影同声传译、自由评论、网络配音组和图像描述。上述后五种配音翻译方式在我国电影史中为非主流方式，以下主要对中国电影的配音译制史进行一个梳理与概括，将其分成草创期、发展期、艰难期、蛰伏期、繁荣期、衰落期、多元期七个阶段。

1. 草创时期

1946 年 10 月 16 日，米高梅影视公司的第一部汉语配音故事片《泰山纽约历险记》在大华影院正式公映。为了吸引不熟悉英语的中国观众，美国电影制作公司创新了一种新技术，此前已经通过在电影中添加中文说明来适应远东市场。米高梅影视公司推出了一种新型影片，其中加入了国语剧情解说，这种方式前所未有。在电影放映时，除了原有的英文对话和配乐外，还会提供国语解说，以帮助观众理解电影中人物的英语对话。值得一提的是，这种做法并不会影响原始对白和音效。

长春电影制片厂的前身东北电影制片厂，是中国电影译制事业的先驱，为中国电影译制事业奠定了基础。1948 年 8 月，东北电影制片厂袁牧之、袁乃晨、孟广钧、桴鸣等人拿到了第一份准备翻译的电影台本《马特洛索夫》后，马上组织人员全力以赴地开展影片的译制工作，历时 8 个月，终于在 1949 年 5 月完成了全部的译制工作。1949 年 8 月，袁牧之导演的电影《普通一兵》在全国上映。这是中国电影史上的第一部译制片，深受观众喜爱。《普通一兵》的译制成功极大地鼓舞了人们的精神士气，制片厂的工作人员没有丝毫懈怠，在下半年又译制完成了另外两部苏联电影《俄国问题》和《伟大的转折》，第二年东北电影制片厂的产量更加惊人。这些译制片在中国的大江南北深受欢迎，并产生了强烈的反响。

1949 年冬，上海电影制片厂的翻译片组成立，组长陈叙一到东北电影制片厂参观学习了《伟大的转折》全部译制过程后，马上返回上海开始了电影的译制工作。1950 年 3 月，《团的儿子》（《小英雄》）的译制工作全面展开，27 天后成功完成，这是上海电影制片厂历史上的第一部译制片。

2. 发展时期

自 1950 年以来，我国翻译电影制作经历了一个蓬勃发展的黄金时期。当时的主要任务是制作中文配音版影片，另外还有一些仅制作中文字幕的影片。在中华人民共和国刚刚成立的时期，从一开始只进口苏联电影，逐渐扩大到东欧国家，最后覆盖亚洲、非洲、拉美和欧洲各国的电影。

一些具有影响力的电影在此阶段问世，其中包括《伊万雷帝》《金星英雄》《童年》《在人间》《我的大学》等。那时的中国年轻人视《保尔·柯察金》和《丹娘》的主角为偶像，这些角色对整整一代人产生了深远的影响。由英国电影改编自马克·吐温小说的影片《百万英镑》受到广大中国观众的热烈追捧，其中演员格里高利·派克的表演更是备受瞩目。

3. 艰难时期

在 1961 年至 1965 年期间，进口电影数量大量减少。在这段时间内，一些改编自经典文学作品的电影陆续上映，且表现不俗。这些电影包括改编自列夫·托尔斯泰小说的《复活》、以屠格涅夫小说为基础的《前夜》，以及在 1959 年苏联重新制作的电影《处女地开垦记》。这些备受欢迎的电影涵盖了多个国家和地区的作品，其中包括《红帆》和《运虎记》（苏联）、《松川事件》（日本）、《马门教授》（德国）、《工厂是我的大学》（朝鲜）及《年轻的战士》（越南）。

4. 蛰伏时期

在此时期，长春电影制片厂和上海电影译制厂的译制片基本处于停产状态，中国从朝鲜、越南、阿尔巴尼亚、罗马尼亚等几个国家引进外片。在那个时代，朝鲜电影的影响力非常大，影院 24 小时不停地放映。《卖花姑娘》是其中最受欢迎的电影之一，何鸣雁和导演姜树森在观看后都深受触动，这部电影也深深地打动了中国的观众。这部电影讲述了花妮一家的故事，触动了人们内心的情感。电影中的主题曲《卖花、卖花》更是在全国传唱，成为经典之作。

在那个时期，上海电影译制厂、长春电影制片厂和中国人民解放军八一电影制片厂还被委托翻译"内参片"。上海电影译制厂曾对多部经典电影进行中文配音，其中不乏有来自美国、英国和日本的电影。这些电影包括《魂断蓝桥》《鸳梦重温》《琼宫恨史》《音乐之声》《美人计》《红菱艳》《谍海群英会》《军阀》《生死恋》《虎虎虎》《战争和人》及《日本最长的一天》。

此外，他们还翻译了苏联制作的一部共五集的历史史诗电影《解放》，以及法国、意大利、西德、罗马尼亚和墨西哥的电影作品，包括《巴黎圣母院》《基督山恩仇记》《警察局长的自白》《马台依事件》《罗马之战》和《冷酷的心》等，以满足观众的需求。长春电影制片厂曾翻译了多部国外影片，其中包括来自英国的《送信人》、来自德国的《特罗塔》、来自美国的《纽约奇谈》、来自苏联的《记者》，以及来自罗马尼亚的《达吉亚人》和《勇敢的米哈伊》。

5. 繁荣时期

在此时期，中国电影事业获得了蓬勃发展，进入了一个新的阶段。这一时期是中华人民共和国译制片的又一个收获季节，大师、名导、明星的作品层出不穷。比较有代表性的有《佐罗》《黑郁金香》《罗马假日》《蝴蝶梦》《爱德华大夫》《谍影疑云》《神探飞机头》《走投无路》《篮坛怪杰》《千里追杀》等。

6. 衰落时期

这一时期，观众对于电影和电视剧的配音译制版本越来越不感兴趣，电影院线在一线城市和二线城市已经几乎不再放映这些版本的译制片，配音译制片正处于"最危急的阶段"。通过广泛的调查、研究和分析，总结出以下几个原因。

第一，随着社会的不断发展，人们的文化水平得到普遍提升，英语使用的比例也变得越来越普及。在改革开放后的环境中成长起来的影院主要观众是年轻人，他们普遍具备较高的英语水平，有些观众甚至能够欣赏原版电影并指出公映的译制字幕出现的翻译失误。年轻观众对中文配音版本的影片普遍不感兴趣，认为这些版本与外语版在语音节奏、发音和语调等方面存在较大的不同，给他们带来较强的不适感。

第二，随着译制片繁荣时期的逐渐落幕，许多艺术家陆续结束自己的工作生涯。随着改革开放的不断深入，出现了许多高收入领域，尽管译制片行业的重要性不可忽视，但是该行业的薪酬待遇一直偏低。加之译制单位内部管理问题，这导致了译制片演员与影视剧演员之间的收入差距逐渐扩大，这种情况导致很多年轻有才华的电影译制从业人员被迫退出了这个行业。上海电影译制厂和长春电影制片厂的很多员工已经离职去经商，或在北京工作，或寻找其他行业的机会。

第三，电影引进速度加快，上映档期紧迫，传统的流程包括翻译、润色、校对、填词、排版、审校、修改、补录等环节，这些环节不得不被删减或省略，翻译的准确度和吸引力有所减弱。有些人认为，配音演员的声音应该尽量平凡普通，避免过于突出的个性特点，以免影响观众的沉浸感。然而事实上，观众们往往会特别欣赏那些拥有独特嗓音的演员，追寻他们的表演成为观影过程中的一大乐趣。只要角色和声音相互匹配，观众们就会越来越喜欢角色。

第四，市场主流的分账大片大多是特效动作大片，注重视觉效果，而非台词。只要有中文字幕，是否有配音并不重要。事实是，译制片可以以中文配音或中文字幕的形式呈现。

第五，电影数字化后，为了方便排片，影院通常不愿意同时安排两个版本的影片。此外，电视等其他娱乐形式对电影译制也造成了一定的冲击。

7. 多元时期

随着网络的兴起及手机的普及，电影译制进入了对传统突破的多元时期。2000 年前后，一批痴迷配音艺术和热爱中国电影译制事业的网民自发创立了中国配音网，这是我国第一个以配音为主题的网站。各种配音译制研讨会频繁召开，各种相关学会相继成立，如中国广播电视学会专门成立译制片研究委员会。另外，越来越多的学者开始关注中国电影译制史及影视翻译研究，该领域的研究文章越来越多。

信息化时代，我们应该以发展的目光来看待配音译制事业，应该对译制机构、译制形式、译制技术及译制策略进行相应的信息化变革与探索。唯有积极探索，勇于开拓，吸收和借鉴国外先进经验，我们才能让影视配音译制事业适应信息化时代的发展步伐。

二、影视翻译的基本概念

简而言之，翻译是对语言符号的转换。以此类推，影视翻译就是对影视作品进行语言转换。当然，这里的语言主要指人物所讲的语言，包括角色对白、独白、旁白等，而非作为艺术表现手段的电影语言（也称声画语言）。换言之，影视翻译是将多模态与多媒体文本转换到另一种语言和文化中的一个翻译研究分支，它处理的对象是一种作用在人感官之上的媒体介质——声音与图像。也就是说，影视翻译所面对的不是单一的文本，而是由图像、画面、声音、色彩等特殊的表意符号所融合而成的多重符号文本，同时受到传播中空间和时间的制约。影视翻译包括语言文字的翻译，也包括声音和图像的翻译，既是语言层面的编码与解码，又是异质文化直接参与本土文化叙事建构的重要途径，是一门跨越语言、文化、艺术门类及学科界限的综合研究。

影视翻译按照字面意义所对应的英文术语应该是 Film and TV Translation，但目前国内多用 Audiovisual Translation（视听翻译）来套译"影视翻译"，这造成了极大的混淆。此外，Audiovisual Translation 从 1995 年起，逐渐成为备受关注的研究领域，现在已是研究的热点话题。AVT 研究同许多新兴领域一样，必须应对术语不一致的问题，一个引人注目的实例在该学科的范围内是术语使用带来的困扰。迄今为止，这个领域有许多不同的名称，如电影翻译、影视翻译、影视改编、视听译制、屏幕翻译、媒体翻译和多媒体翻译等。经过对这些命名的分类和分析，我们可以看出 AVT

术语是不断变化的。每次新名词的出现都意味着研究领域的变化或扩展，因此，它们之间的区别往往不太清晰。

我国影视翻译实践与研究起步较晚，目前仍停留在影视翻译研究初级阶段。早在 2000 年，钱绍昌先生的《影视翻译——翻译园地中愈来愈重要的领域》译文在国内引起巨大反响，将许多学者的目光引向中国的影视翻译研究。影视翻译是对影视作品进行的语言转换，分别从传播学、符号学、心理语言学、译学、美学、哲学、解释学等多个角度专门探讨了影视译制领域中的翻译问题。从传播学角度看，影视译制是将一种语言的影视文本转换成另一种语言的影视文本的跨文化传播活动，该定义视影视为传媒，视语言转换为文化传播，体现出浓郁的传播学特征。

西方影视翻译术语经历了从早期的"电影配音""电影翻译"到中期的"影视翻译""媒体翻译"，再到视听文本数字化后的"屏幕翻译""多媒体翻译"的变化，不管国外 AVT 术语如何变化，研究范围如何扩展，中国学者始终采用"影视翻译"与之相对，尽管有个别学者采用"视听翻译"，但研究内容仍然是电影翻译，专门研究电视剧翻译的都很少，更别说网络数字化视听文本了。参考 AVT 所包含的研究内容，不难发现，我国"影视翻译"术语自身存在的诸多弊端开始逐步显现。"影"指电影，"视"指电视，但其实际所指并非所有影视节目，而只限于"电影与电视剧"，这也就等于阻碍了对我国目前已广泛存在的新闻直播、娱乐节目、音乐电视、企事业宣传片、录像带、数码磁带、VCD 或 DVD 制品、教学视频及网络互动游戏等多种影视形式的翻译研究与实践。

影视语言不同于书面文学语言，具有口语化、瞬时性、通俗性和制约性等特点，这决定了影视翻译有着与其他类型翻译不同的特点[①]。现今影视翻译概念做如下界定，即影视翻译是对多模式、多媒质文本进行跨文化转

---

① 程尽能. 跨文化应用翻译教程：英译汉＋汉译英 [M]. 北京：北京语言大学出版社，2015.

换的翻译活动。所谓多模式，是指影视文本的语义生成取自语言、图像、色彩及透视等多个语义源；多媒质是指多模式文本需要借助各种媒体以同步的方式展示给观众。在影视翻译中，需要将语言用不同的方式呈现，以适应不同的媒介类型，如电影字幕、同声字幕、多语言字幕、配音、口译、画外音、同声翻译及歌剧唱词字幕等多种方式。

三、影视翻译的具体类型

（一）配音翻译的类型

配音翻译就是将影视文本从源语言转换成目标语言，再由配音演员依据目标语言台本将源语语音完全或部分地替换成目标语语音。根据受众的视力情况，本书将配音翻译分为视障配音翻译与常规配音翻译两个子类。

1. 视障配音翻译

视障配音翻译是相对于常规配音翻译而言的。视障配音翻译的受众或失明或视力极弱，而常规配音翻译的受众则视力健全。视障配音翻译针对受众特点在对源语台本进行翻译的同时还加入了大量的视频内容解说类信息，除此之外，与常规配音翻译并无实质区别。

2. 常规配音翻译

常规配音翻译依据原声保留程度可分为替换配音翻译、叠加配音翻译与局部配音翻译三种。

替换配音翻译是指用目标语语音完全替换源语语音，是影视配音翻译的主要形式。一些东欧国家在配音时，配音演员只是在诵读译本，并不包含任何表演成分，称之为叙述型翻译，这种配音方式在我国极为罕见。为包容此种配音形式，本书将替换配音翻译再度细分为表演型配音翻译与叙述型配音翻译两种类型。

叠加配音翻译是指在降低源语音量的同时，补入完整的目标语语音，通过双语共存来强调影视对象的真实感。叠加配音翻译被有些学者视为最简单，也是最忠实的一种影视翻译模式。该配音翻译模式常见于以写实为主的影视题材，如纪录片、采访、新闻报道等。在叠加配音中，目标语语音通常比源语语音晚进入几秒且早退出几秒，以使观众更清楚地听到源语。我国的纪录片配音（如中央电视台纪录频道播出的纪录译制片）在解说部分习惯采用替换配音方式，强调字数与顿歇，但不强调口型一致，而在现场采访部分则采用叠加配音方式，且对口型一致有所强调；有些时候，对现场采访部分完全保留源语语音，不进行配音处理。

局部配音翻译是指只对部分影视文本进行翻译及配音处理，又可分成导评型配音翻译和双版型配音翻译。导评型配音翻译是通过节选、汇编等翻译变体形式对幽默录像、恶搞剧、少儿节目、纪录片及企业宣传片等进行配音；而双版型配音翻译则是因多语影片中的演员在表演时各操各的语言，而不必在后期配音时对目标语演员的语音进行配音，如美国电影《环太平洋》由美、日两国演员联手拍摄，取景地为中国香港，原片因英、日、汉语普通话及粤语共存，在译制成国语配音版时也就省去了对后两者的配音处理；再如美、法合拍的《别惹我》，美语版不必对美国演员配音，法语版则不必对法国演员配音。

此外，还有一种叫"翻拍"的配音形式，指的是为达到更真实的效果，整部影片干脆完全用目标语言重拍一遍，演员及剧务人员大多仍为原班人马。这种用目标语言重新表演的形式实际上并不涉及语言转换，即本质上不具备整个翻译范畴的家族相似性，因此不是影视翻译的一种类型，而是影视表演的一种类型。

（二）字幕翻译的类型

字幕翻译就是在保留影音原声的情况下，将影音文本从源语言转换成目标语言，并叠印在屏幕下方的字幕区域。字幕翻译是为影视对象提供同步说明的过程。同样，我们将字幕翻译分为听障字幕翻译与常规字幕翻译两个子类。

1. 听障字幕翻译

听障字幕翻译是针对受众特点在对源语台本进行翻译的同时加入了大量的音频内容解说类信息，与常规字幕翻译并无实质区别。

2. 常规字幕翻译

常规字幕翻译按文学属性及字幕内容压缩程度可分为剧情字幕翻译、音乐字幕翻译及直播字幕翻译三种类型。

剧情字幕翻译主要应用于影视剧、纪录片等影视题材的翻译，其应用范围最为宽广。狭义的影视字幕翻译，即指剧情字幕翻译。

音乐字幕翻译针对的是以音乐内容为主题的影视文本，在国外被广泛接受的音乐字幕翻译类型有唱词字幕翻译和歌词字幕翻译。唱词字幕翻译是指在歌剧院、舞剧院舞台上方或座椅背上的液晶屏中出现的解释唱词大意的目标语言提示，多以单条且不间断的方式横向滚动，在对唱词内容进行高度概括式的翻译后，将目标语文本展示给观众。歌词字幕翻译常用于 MTV 及演唱会、音乐颁奖晚会、音乐选秀等电视节目的演唱环节，其应用范围要比唱词字幕翻译宽广得多，其翻译要求也更趋于复杂。

直播字幕翻译主要应用于新闻报道、赛事、晚会或颁奖现场等直播类电视节目，其显著特点是无既定台词，多数字幕需现翻译、现录入，对翻译人员的临场翻译能力要求很高，但对翻译质量要求相对较宽。

四、影视翻译的普遍特性与本质属性

影视翻译的本质是一种基于影视媒质的跨文化、跨语际信息传播活动，其多模态的文本特征使其在翻译研究领域内体现出前所未有的复杂性和多样性。从宏观的翻译学范畴角度来看，影视翻译属于文学翻译，是主要由翻译学、文学与影视艺术三个学科相交叉而形成的一个特殊的翻译领域。影视翻译应与文学翻译、科技翻译是并列关系而非所属关系，影视翻译的文本具有多媒质、多模态性等特征，而这些特质文学翻译的文本并不具备。

影视翻译的独特之处在于，它要应对影视语言的独特性。这句话的意思是，"影视语言"并不仅仅是指涵盖影视作品讲述故事所需的所有要素，如画面、声音和剪辑等方面，而且还考虑了译者的视角。影视语言具有让人聆听、综合、瞬间理解、通俗易懂及不需要额外注释的特点。因为上述五种特质的存在，导致电影和电视节目的翻译有着独特的需求。

（一）影视文本的普遍属性

1. 多模态性

所谓多模态性，是指影视文本的语义生成取自语言、图像、色彩及透视等多个语义源。影视节目结合了视觉和听觉元素，包括交际中的语言和非语言元素，因此四个要素被提出来定义影视文本。

一是听觉语言因素：对白、独白、歌曲、画外音。

二是听觉非语言因素：乐谱、音效、杂音。

三是视觉非语言因素：图像、摄影照片、姿势。

四是视觉语言因素：插页、标语、信件、电脑屏幕上的信息、报纸的大字标题。

2. 多媒质性

多媒质性，是指多模态文本需要借助各种媒体以同步的方式展示给观众。从广义上说，影视翻译是一项将多种语言转化为电影字幕、同声翻译、多语言字幕等形式的工作，目的是让观众能够听懂并理解不同语言的内容。此外，还有多项工作，包括但不限于专门从事影视配音、口译、为画面外的音频提供配音、同声传译及为歌剧提供歌词字幕等服务。

综上，影视翻译除了基于影视媒质的多模态文本这一区别性特征之外，与其他类型的翻译并不存在本质差别，是跨文化的、跨语际的信息传播活动。影视翻译是一门综合性的艺术，主要是由翻译学与影视艺术两个学科交叉形成一种特殊翻译，因此也就同时具有来自这两个学科的典型特征，即转换性与视听性，这两个特性是影视翻译的本质属性。

（二）影视语言翻译的基本特性

1. 聆听性

聆听性是指在配音译制片中，除了确保观众理解，译者还需关注人物语言表达是否能体现其身份、个性、情感色彩，以及是否能够完美呈现角色形象，从而让观众听得顺耳和舒适。总的来说，在影视翻译中，译者的原则应该是准确把握人物语言的个性和情感色彩。

2. 综合性

影视作品集合了视听艺术的多种形式，融合了演员的表演与对白，加上画面、音乐及音响效果等元素。影视语言最显著的特点就是将声音和图像融合在一起，形成了声画统一的综合效果。在制作配音译制片时，最关键的问题是确保口型与原片一致。译者需纳入考虑原文句子的长度、演讲者的语速和暂停等方面的因素。此外，配音演员还需要精通时间掌控、语音停顿和口型配合等技巧，尤其要针对近距离镜头的角色做出精准演绎。

尽管字幕翻译没有必要跟随口型，翻译者还是受到屏幕空间有限的约束，需要考虑字数限制。电影必须利用视觉元素和对话来将情节传达给观众，必须确保字幕与演员的台词和画面变化同步，以保持原意不受影响。除了观看画面，观众还需留心字幕，在翻译时务必考虑对话的简明程度和快速度。在翻译字幕时，需要把握简洁原则，以免让观众分心失焦。

3. 瞬时性

相较于可以反复阅读的书面文本，影视作品只有一次观看的机会。当观看电影或电视节目时，不论其为译制片或字幕片，在没有使用 DVD 或网络视频等工具的情况下，观众无法再次倒回去观看。影视作品的本质要求翻译必须具备易于理解的能力，因此翻译人员必须保证译文流畅、意义清晰。

4. 通俗性

阅读文学作品需要一定的文化素养，但是即使缺乏文化素养，观看影视作品也毫不费力。这就需要影视语言具备通俗易懂的特点，能够适合不同年龄层的观众。它的语言要简单明了，易于理解，不能太复杂或晦涩难懂。在进行影视翻译时，应该使用通俗易懂的语言，以适应大众媒体的特点，这是必要的要求。如果一部影片在翻译时能够变得通俗易懂，就能够让更多的普通人理解和接受它，这一定程度上促进了影片的教育作用，特别是对未成年人的教育。如果将翻译过于文艺化，甚至难以被理解，那么就背离了原意。

5. 无注性

文学作品中常常出现很多通俗的说法、传统的语言表达、幽默的双关语和文字技巧等，同时也包含各种文化背景下的典故和知识。但是对于读者来说，理解这些内容却是相当困难的。为了解决这个问题，我们通常会在脚注或者尾注中添加一些说明，以帮助读者更好的理解。但是对于影视片翻译的话，这样的方法显然行不通。因此，在不影响影片主旨的情况下，只能采用其他方法，如意译、解释和省略等，来保证内容的连贯和理解的准确性。

（三）影视翻译的本质属性

1. 转换性

影视翻译之所以是翻译，是因为翻译学赋予它与所有翻译类型相同的特性，即转换性。翻译通过语言转换来实现跨文化的信息传播，离开了语言转换，翻译也就不再是翻译。

影视翻译的转换性决定了影视翻译必须遵循翻译学的普遍原理与基本翻译规律，在翻译的标准、策略、方法、程序甚至职业操守上都必须符合翻译学的基本要求。例如，无论其外在形式有多复杂，视听翻译所遵循的翻译程序也仍然是理解、表达与校核，对语言的理解与表达也仍然要从语音、语义、语法、语用、修辞及文化等角度全面展开，所采用的译法也无不是源于人类通过数千年各类翻译实践所积累下的宝贵的翻译经验。一名合格的影视译员，必须高度重视影视翻译的转换性，并不断加强自身的翻译理论知识素养，因为译员语言转换水平的高低在很大程度上决定着译制片对原片失真程度的高低。

2. 视听性

影视艺术决定了视听翻译具有视听性。影视媒介是指电影、电视这类以声、画为双重传播渠道的中介体，影视翻译因基于视听媒质而呈现出与基于纸质的翻译类型完全不同的视听性，进而决定了其翻译形式、制约因素，甚至翻译规律与其他翻译类型有所不同。视听性是影视翻译本身固有的、最外显的区别性特征，正是这种区别性特征使影视翻译具有了成为一门独立的翻译学分支的可能。

五、影视翻译的内、外环境制约因素

（一）影视翻译的内部环境制约因素

影视翻译的核心主体是译员，其自身多种翻译制约因素的综合体被称为翻译能力制约，翻译能力的高低直接影响着翻译的质量。

1. 译员能力

双语能力即运用双语进行交际的能力，由双语的运用、社会语言、语篇、语法和词汇知识等构成。双语能力直接制约着影视译员在翻译信度上所能达到的水准。

语言外能力即对双语常识和专业学科之外的知识的把握能力，由百科知识、主题知识和双语文化知识构成。语言外能力是影视翻译能力的一个重要组成部分，因为影视作品一方面反映的多是异域文化中人们的日常生活，是异域文化与百科知识的直观体现；另一方面又因题材众多而不可避免地随时进入一个为译者所不熟悉的主题知识领域。与其说语言外能力是影视译员内在的一种翻译能力，不如说是其内在的一种文化习得能力或环境适应能力。换言之，影视翻译并不要求译员必须拥有极高的语言外能力，而是要求译员必须能够在极短时间内获取足以完成给定翻译任务的语言外知识的能力。

翻译知识能力即对翻译及其相关职业知识的把握力，由翻译理论知识（翻译的过程、方法与程序等）与职业知识（市场分析、翻译类型与顾客需求等）构成。

工具操作能力即使用文献资料及其他与翻译过程相关的信息技术的能力，策略能力即保证翻译过程有效和解决问题的能力。

心理生理因素即各类认知行为机制与心理活动机制，如感知、记忆力、注意力、情绪、毅力、创造性、逻辑推理及批判思维等。影视译员因翻译周期短、工作量大、所受制约等因素多承受着高于普通译员数倍的生理与心理压力。

2. 文本语言

影视翻译的核心任务是对影音文本的文字进行意义转换，因此对影视文本的意义转换摆脱不掉蕴含于影视文本内部的影视语言制约。文字的语义主要是通过词汇含义、语法结构和修辞表达等三种形式来传达的，影视语言的三种意义形式都被符合，因此，影视作品的语言约束有三个方面，即用词、句法和修辞。

（1）语言的词汇制约

词汇意义包含因素、词素、单词及词组意义。奈达将词汇意义分为所指意义与联想意义两大类。词汇意义对影视译员的制约是显而易见的，对任何语言而言，一词多义都是一个普遍存在的语言现象。

（2）语言的语法制约

语法也是一种具有意义的语言现象，对于词组以上的语言单位，其意义取决于特定的语法结构，而语法结构又可分为组合结构与替代或聚合结构两种类型，并呈现出四种基本的组合关系，即并列关系、限定关系、连轴关系与命题关系。电影和电视剧的对话是源自生活而又比生活更加真实和贴切的语言表达。在进行配音翻译时，必须让台词表现出真实情感，并注入口语化和生活化的特色，以便产生自然亲切的感觉。因此，口语语法对配音翻译是最重要的限制因素。除了考虑句式的简单明了、内容的相对简单和语言风格符合角色身份或情境外，还需要剖析口语中的许多冗余信号词，如"嗯""啊"等所传达的意思。此外，与台词共现的音量、语调、姿势等副语言信息所传递出的各种潜台词信息则是配音翻译语法分析的重要内容之一。

（3）语言的修辞制约

修辞作为文学创作的重要构件，同样也是影视台词创作中不可或缺的重要构件。文字语言的修辞功能被概括为整体（全篇话语完整且统一）、美感（话语音美、形美或意美）、强效（话语新颖且相关）、得体（话语体裁与内容匹配）、同调（话语与世界观、环境或类似话语同调）、递进与连接（推进情节、论点或描写，连接话语各成分）、重点说明（突出话语重点）与强调（强调话语某成分）等八大功能。而修辞意义则是通过选择和安排语言的形式来表达的，其主要表现手段共计六大类，分别是重复、浓缩、联结、节律、常态变异及同构类比等。

辞格则是修辞的具体表现形式，指把相同类型的生动话语片段从修辞的角度进行抽象而得到的各种具有一定特点的言语格式。英语中的独立辞格约为 205 种，汉语中的独立辞格约为 231 种。英、汉语言中最常见的辞格包括明喻、暗喻、类比、拟人、夸张、委婉、借代、提喻、换称、双关语、异叙、拈连、反语、回文、幽默、暗讽、讥讽、对偶、排比、隽语、仿拟、对衬、反衬、警句、渐进、突降、顿呼、移就、联珠、音韵、拟声及跳脱等 30 余种。在影视翻译中，尤其是幽默喜剧的翻译中，双关和幽默的翻译给影视译者带来了极大的挑战与制约。

3. 文本技术

影视文本的两个信道分别体现为电影、电视或电脑等视听媒质的视觉信道与体现为相应音频的听觉信道。影视文本的两种文字信码的编码、解码方式因此不可避免地受到影视制作技术的制约。技术制约可分为原件完整度制约、工具操作熟练度制约和形式制约（时间制约与空间制约）等三种类型。

（1）原件完整度制约

影视译员最理想的翻译条件是同时拥有视频、音频及台本，然而在实践中，影视原件公司为了版权和保密性等原因，译员常常会遇到原件不完整的情况。如只有音频或只有台本，或者虽有视频但增加了红外线防伪技术等，这无疑给影视译者的翻译带来了极大的限制。

（2）工具操作熟练度制约

除去双语及文化水平，译员还需要熟练掌握各种操作编辑工具，如原片片段的循环播放、字幕编辑、表格编辑、添加批注、上传与下载、音视频转码、文本格式转换、信息检索、术语库制作与维护等，这与传统以纸、笔为主要工具的译员的工作有所区别。

（3）文本的时间制约

时间制约是影音翻译最主要的内部制约因素之一，这种制约具体反映在目标语字幕或配音台本中，这便是影音翻译所特有的各种同步要求。针对配音翻译，将同步分为视觉同步、听觉同步与内容同步三种基本类型，而实际上这三种同步同样适用于字幕翻译。简言之，视觉同步是指配音或字幕应与画面相匹配，听觉同步是指配音音质或者字幕出没时间应与原声相匹配，而内容同步则是指配音或字幕内容应与原声内容相匹配。

受制于人类的阅读速度，字幕翻译要求每行字幕的英文字符数不宜超过 35 个，汉字以 12 字（24 字符）以内为佳，最多不宜超过 18～20 个；字幕如果在屏幕上的停留时间过短，会因受众来不及读取而失去意义。字幕如果在屏幕上的停留时间过长，则会因受众反复读取而影响整个对白的流畅度。因此，每个字幕块在屏幕上的停留时间最少不宜小于 0.6 秒，最多不宜大于 6 秒。目标语台词所用字数总体上取决于配音演员的平均语速，局部上则取决于源语演员实际发出的音节数，我国播音员的平均语速为 212.5

字/分钟。因此，配音台本中的中文台词普遍以 34 字/每秒为基准，进而依据原片演员或配音演员的具体语速或原片类型（如故事片、纪录片与动画片之间存在着明显的语速差别）为每句台词确定适当的字数。除了时间长度上的同步之外，配音翻译还要进一步做到口型、音质、音调及方言等方面的听觉同步、语音与画面中相应事物的视觉同步，以及双语在语义上的内容同步等。简言之，时间制约因素迫使配音翻译为满足各种同步要求而不得不在影视文本的语音、词汇、句型、语序、逻辑、修辞等各个层面寻求灵活对应，从而形成了一套与字幕翻译截然不同的操作方法。

（4）空间制约

影视作品的视觉空间概念包含画内空间与画外空间两大部分，3D 技术及音响技术是影视作品用以塑造画外空间的两大手段。影视空间主要用以传送语言的视觉非文字信码，只是在必要的时候才会以字幕、书写物形式传递一些起说明作用的视觉文字信码。因此，视觉空间对影视翻译所产生的制约力，即空间制约是极强的，一方面，它要求影视翻译尽量减少视觉文字信码对视觉空间的占用，最好能做到隐形；另一方面，它要求影视翻译能够通过关注听觉文字信码的音质变化而重现声音在画内外空间上的塑造效果，即通过声音远近变化或出画入画等运动方式，营造出的画内空间的层次感及画外空间的存在感。

（二）影视翻译的外部环境制约因素

1. 法规

影视翻译的法规制约是指影视翻译必须无条件接受由政府机构或行业机构明确颁布的法律、法令、规定或者要求等所产生的制约，该法规制约是主流意识形态对影视翻译活动进行制约的最明显的外在表现。

2. 舆论

除了外在的法规之外，对影视翻译行为进行干预的还有内在的、为社会公众所共有的社会道德价值观念。某社会依据其自身的道德价值标准对某言语行为进行道德价值评价，而这种道德评价主要是通过社会舆论（反馈要素）来实现的，即某作者或某社会团体把对他人的言语行为的道德价值判断诉诸社会舆论，通过公众舆论的监督和干预，使公众言语行为规范、文明。这就是本书所说的舆论制约，其制约目标是影视翻译或译制行业的职业道德。影视译员应恪守的职业道德有八条：遵纪守法，语言文明；保质保量，诚实守信；计量明确，童叟无欺；礼貌待客，周到热情；守口如瓶，一诺千金；严于律己，互利共赢；实事求是，谦虚谨慎；明辨是非，保持尊严。

3. 商业

译制片作为一种媒介文化产品，必然具有文化商品的属性，服从着市场流通和满足消费的原则，这一原则指的正是本书所说的商业制约。商业制约可通过工期要求及票房期望等形式对影视翻译（尤其是配音翻译）实践进行有力的约束。

（1）工期制约

在配音翻译方面，为能够在指定日期按时放映，影片译制周期通常是多则一个月，少则一两周。在这种情况下，留给译员的翻译工期多则一周，少则两三天。

（2）票房制约

就电影配音翻译而言，为使影片利润最大化，译员有时不得不为贴近观众而采取一些有别于常规的翻译策略，其目的是将更多的观众吸引到电影院中来，从而使影片票房收益实现最大化。时下人们常说的"接地气译法""本土化译法"或"自由译法"等皆是指此类翻译策略而非译法。隐藏在这种翻译策略背后的，便是票房制约。有些时候，这种旨在迎合目标语观众心理的做法纯粹是译员的自发行为，也有时候，是来自译制导演及片商等赞助方的具体要求。过分强调票房，会使译员在主观上轻视该片台本翻译工作的严肃性，在翻译时会优先考虑忠实于源语台本的效果而非内容，为了取悦观众而容易对原片内容进行肆意地发挥及毫无节制地使用改译法，其推出的译制片虽然大多能够达到娱乐大众的预期效果，却很少能够通过翻译理论的常规检验。

4. 工艺

影视翻译的工艺制约是指影视翻译在译制过程中所受到的来自制作成本或制作流程等客观因素的制约。

（1）成本制约

所谓成本制约，是指影视译制成本施加给影视译员的制约力。从成本的角度来讲，我国当前的译制行业面临着前所未有的困境，普遍存在的现象是译制经费整体偏低，进而导致译员与配音演员酬劳持续走低。

（2）流程制约

受制于成本，影视翻译只能通过简化流程、精简人员等方式来压缩开支。而市场需求决定了影视翻译必须采用流水线的工作形式来完成整个译制过程，而这种明显具有工业化特点的工作形式，决定了影视译员要比常规译员接受更多的流程制约。影视节目的配音是个多阶段、高复合流程。身置其中者，看似结成团队，实则各自为营。尤为不寻常的是，译员的作品通常并非最终的成品，而更像是份初稿，还需历经润色和调整，以迎合媒体的种种需求。

第二节　影视翻译的策略和方法

策略包含了一定的目标、规则和方法。翻译策略是翻译者依据一定的原则和采取的方案集合，以达到特定的翻译目的的活动。翻译的策略是更高级别的翻译概念，它不同于翻译方法。翻译方法是一种特定的路径、步骤或手段，是为了达到特定的翻译目的而基于翻译策略而采用的。实现语言转换的具体手段因操作步骤的不同而不同，但与理解、表达有关。翻译方法呈现的是一种概念性的处理方式，而具体的局部处理方法则属于翻译技巧的领域，这两者有所区别。从这里可以看出，翻译技巧是翻译方法的一个组成部分，但并不等同于翻译方法。

一、影视翻译的具体策略

影视翻译的策略主要可归纳为归化翻译、异化翻译、杂合翻译三种。归化翻译与异化翻译是由韦努蒂在 1995 年提出的两种翻译策略。归化和异化是指翻译策略中的两种不同取舍，前者偏向于本土化的翻译，后者则偏向于保留原文风格的翻译。它们不仅涉及翻译的技巧和效果，更关乎翻译者的文化立场和价值观。归化翻译的含义是在翻译过程中，尽可能使用贴近目标语言的方式，使得译文更易于理解，减少读者对原文的陌生感。归化等同于钱锺书先生所说的不露译痕，这是一种用通顺的翻译策略把归化隐藏在译文的透明度之中的翻译策略，使用归化策略的好处在于可以使翻译的表达流畅、自然、易懂，这样可以更容易地让目标语言的读者理解和接受翻译所传达的思想。

异化翻译又称为少数化翻译，是指在生成目标文本时，会通过保留原文中某些异国情调的东西来故意打破目的语惯例的翻译策略。换言之，这种翻译方式追求源语言的原汁原味，但无视了双语之间在文化和语言习惯上的差异，无形中牺牲掉了译文的自然流畅和易读性。异化翻译意味着保持原文的风格、语气和表达方式，以尽可能地传达出原文的真实含义，这与钱锺书先生所描述的"原汁原味"是相同的。异化翻译实质上是一种翻译实验，是用各种非标准的语言形式来改编当前目标语言的标准形式。此外，这种策略也有助于引入新颖的表达方式和潮流思潮，丰富目标语言的语言体系。而其缺点则在于因忽视目标语语言规范而产生语义晦涩、文法不通、生硬牵强的译文，容易给目标语受众带来困扰。

若从认知语言学范畴论的角度来看归化与异化这两种策略，我们就会发现，归化与异化并非一线之两极，而是相互毗邻的两个范畴，两者共同构成一个连续体。范畴的边缘地带必然带有模糊性特点，因此在两者的交叠区域，归化与异化必然会呈现出一种彼此难分的胶着状态，也正是这个交叠区域的存在，换言之，影视翻译策略中还存在着第三种策略，即走"中庸之道"的杂合。杂合指的是不同物种、群体、观念、文化和语言之间相互交汇、混合的现象。杂合翻译策略指的是在翻译过程中，译者尽可能地保留源语的文化信息，并将其转换为目标语的效果。与此同时，译者还要确保译文易读易懂，并符合目标语的语言习惯和文化特点。

目前，在我国电影配音译制方面，普遍采用归化方式；而在字幕翻译方面，则通常采用异化方式。这是由于配音通常是以隐含翻译的方式进行的，即并没有在两种语言之间进行口译或字幕互译。因此，译者在对源语言台词进行各种修改时，通常不会引起目标语言受众的注意。对字幕翻译而言，情况却恰恰相反。字幕翻译的主战场目前仍是互联网。而网络上的字幕翻译又多是由出于兴趣爱好业余翻译团队提供的，这些业余翻译团队专注于用目标语去实现对原片从形式到内容的全方位的忠实，异化策略也就有了得以实践的土壤。同时，字幕翻译是外显性翻译，目标语台词在形式上有无背离、内容上有无叛逆，目标语受众可以通过听原声或者双语字幕了解得一清二楚，以消除目标语文化异质性为主要特点的归化策略也就很难承受得住目标语受众的指责，异化策略因此顺理成章地成了字幕翻译的首选。

如前文所述，归化翻译策略与异化翻译策略并非非此即彼、泾渭分明的关系。没有完全的归化，也没有完全的异化，最理想的翻译策略必然是杂合。虽然目前配音译制仍然主要采用归化策略，但是越来越多的作品开始引入异质因素。例如，一些电影开始尝试在第三种语言处理方面探索，保留了原声并省略了目标语台词字幕，以便观众更加生动地体验相关角色的身份。另外，随着视频网站的逐步规范化及翻译服务方的加盟，网络上的字幕翻译也开始露出版权化、规范化与专业化的趋势，其过度异化的倾向必然会得到有效遏制，因此字幕翻译同样存在着将杂合作为主流翻译策略的可能性。

二、影视翻译的基本方法

从形式与意义的取舍程度上看，影视作品的翻译方法与其他文本类型的翻译一样，可以采用直译或意译的两种方法，而这两种方法的目标都是保持原始文本意思不变。另一种表述是，直译是一种既忠实于原文的意思，又注意保留源语言的形式，并且适合于目标语言读者接受的翻译方式。意译指的是将原文意思传达给读者，而不必从形式上完全保留原文的翻译方式。翻译者可以根据受众的背景和文化差异来灵活运用翻译技巧，以保证翻译内容的准确性和可读性。字面翻译注重表达方式，意义翻译注重内容，二者融合在一起形成了一个渐进的连续体。在翻译实践中，通常情况下需要同时考虑直译和意译，以确保不失去原文的意思。具体的翻译方法会因原文和目标语言的不同而有所变化，这便是影视翻译的第三种方法。

与前两组翻译策略全然不同的是，极端化的直译或意译在翻译中也出现过。直译过了头，便是逐字翻译；意译若过了头，便是过度意译，两者曾经一度被认为是错误的翻译方法。但是，每一种翻译方法都有其具体的使用语境，以现在的观点看，逐字翻译和过度意译在影视翻译中却并不一定是错误或者糟糕的翻译方法。逐字翻译虽然导致目标语语义晦涩、文法不通，但是能更准确地展现源语特有的语言形式，从而使源语的异质性能够得到凸显。过度意译则存在着"自由翻译"或"活译"等其他表达方式，传统的自由翻译和活译并不要求译文在不同的语言结构里尽可能完美地再现原文意旨，而往往是译者毫无节制地过度发挥。诸多学者曾对这种观点提出过质疑，并通过对古今中外自由派翻译进行全面的考证，为"自由翻译"正名，其主要观点包括：从文本层面看，自由翻译包括改译、摘译、编译、节译、译述等翻译类型；从策略层面看，自由翻译多运用变通手段；从译者层面看，译者的翻译观念呈现出译语文化优先性特征。遗憾的是并没有给自由翻译下一个明确的定义，其实质上谈的是变译问题，而非直译、意译的问题，因此其与奈达所谈论的实质上并非同一件事情。本书用自由翻译这一术语来指称那种为实现神似目标而几乎或完全脱离源语形式及术语束缚，却仍能为目标语受众所接受的一种翻译方法。

在实际应用中，自由翻译已经得到广泛应用，并有了许多成功的案例，可以供我们参考借鉴。不过，自由翻译毕竟是处于意译范畴的边缘地带，本书在此明确提示影视译者，在采用此翻译方法时，一定要慎之又慎，在别无他法的特殊情况下再考虑此方法。

（一）注译

针对已译成目标语但仍有可能影响目标读者理解的障碍点，在文内或文外进行适度阐述或注释，这种翻译技巧叫注译，也称"阐译""阐释""注释"或"加注"等。注译便是通过前后引衬以彰显原文词理深意的一种译法，其主要功能是对翻译造成的语义或修辞缺失进行补充。注译可分为文内注译与文外注译两种基本形式。

文内注译是指在正文内部对障碍点直接进行注译，有显形与隐形之分。显形文内注译就是在障碍点后直接进行注译（可用括号、破折号或逗号将注译部分与障碍点分开）。隐形文内注译则是将注译部分尽可能压缩成字词，置于所注译字词之前或之后，不让读者注意到注译的存在。文内注译，特别是隐形文内注译是影视翻译，尤其是配音翻译的常规翻译技巧之一。

文外注译是指采用尾注或脚注的形式，在正文以外对障碍点进行单独注译，其目的是在尽量不干扰读者流畅阅读正文的同时，对所译障碍点进行必要的补充说明。影视翻译无注性实际上指的正是文外注译法，而且是仅对配音翻译成品（最终以语音形式呈现的目标语文本）而言的。实际上，文外注译法同样是影视翻译的常规翻译技巧之一，只不过其表现方式与常规文本翻译有所不同。在配音翻译中，文外注译主要体现为目标语台本的"批注"部分，即对所译"障碍点"相应的具体内容、选词原因、翻译依据及风险提示等进行批注，以供校对人员、口型师或译制导演在对译文进行进一步修改时参考。在字幕翻译中，为不干扰读者对目标语字幕的流畅视读，通常在其下方弹起一行字幕，进行必要的文外注译。

简言之，影视翻译并不排斥文外注译，但以文内注译为宜，更以隐形文内注译为佳。注译具有明显的变译倾向，而其内部的文外注译还具有明显的异化与直译倾向，文内注译则具有明显的归化与意译倾向。

（二）仿译

通过模仿源语或目标语中主要因历史等因素而具有较高知名度的固定内容或固定结构等进行双语转换的翻译技巧叫仿译，也称"仿作""仿写"或"套译"，其主要功能是借助双语某内容或某形式所具有的熟悉程度吸引受众的注意力。仿译在影音翻译，尤其是名翻译中，是一种十分常见的翻译技巧。使用仿译法的要点：其一是语意呼应，避免因脱离源语语意而导致译语失真；其二是对象适合，避免模仿那些本民族文化底蕴浓厚的对象；其三是结构完整，避免破坏模仿对象的原型特征。仿译具有明显的归化、意译及变译倾向。

除经常在片名翻译中使用之外，仿译也常在文本翻译中被当作归化策略下可支配的一种翻译技巧，频频出现在涉及熟语、双关、民族元素等目标语台词之中。

（三）改译

改译就是为了达到预期目的，在翻译时对原文内容进行一定程度的改变或在形式上做重大调整，以适应目标语言的文化、技术背景和规范，这种手段正是归化处理，以便更好地满足特定层次和读者的需求。这种方法被称为重构，可以帮助翻译者在不改变原意的情况下，使用更符合目标语言的语言表达方式。这种翻译方法需要译者精通原文的内涵和形式，深刻理解原作的精髓，同时在动笔之前做好充分的准备工作。不能急于行动，必须谨慎思考。通过改译，我们可以巧妙解决影视作品中语言修辞的翻译难题，同时也能避免源语信息中的敏感或不良内容对观众造成不良影响。因此，改译在影视翻译中扮演着不可或缺的角色，尤其是配音译制中屡见不鲜但又充满争议的一种重要翻译方法，具有明显的归化、意译或变译倾向。

第三节　影视翻译的技巧

一、对译技巧

采用一一对应的方法将源语音节或词汇直接转换为目标语音节或词汇

的翻译技巧称之为对译，也称"对应"。对译的基本原则是对形、同义、等值。从词汇的语音角度来看，对译是配音译制的主要翻译技巧之一。在影视作品的配音译制中，口型一致是必须要遵守的译配原则之一，要实现口型一致，进行必要的音位对应是非常有效的方法。此外，在影视歌曲译配过程中，对译也是常用的方法。由此可见，对译具有一定的异化与直译倾向。

二、顺译技巧

顺译是将词组以上的语言单位按照顺序逐一翻译成目标语言的过程，也称为"同步翻译"。在顺译过程中，遵循源语言的词序或语序，直接将源语文本转换为目标语言。对于影视翻译中的配音翻译而言，顿歇是话语内部的一种语音停顿现象。在多数情况下，源语台词在哪里停顿，目标语台词就应在哪里停顿，因而，翻译可以有效地处理语言中内在的停顿问题。当汉语歌词的字调与相应音符的走向不一致时，在影视翻译中译配歌曲就会出现"倒字"现象，导致相关歌词不能"入唱"。因此，顺译可以有效解决歌曲译配的选字问题，这种技巧如同对译一样也具有一定的异化与直译倾向。

三、省译技巧

省略一些不必要的目标语词汇，以达到简化表达、提高表达效率的翻译方法被称为省译，也可称作"减译""省略法"或"减词法"。它的主要作用在于令目标语言的表达自然流畅，易于理解，让读者获得最佳的阅读体验。在省略中，要尽可能减少词形的省略，但不影响句子的意义，同时也不能降低句子的价值。省译是影视翻译，尤其是字幕翻译最为常用的一种翻译技巧，除了能够去除影视台本中的冗余信息之外，还能够避开修辞障碍，减少影视禁忌语的数量。由此可见，省译具有明显的归化与意译倾向。

四、引申技巧

引申是在翻译过程中的一种技巧，通过根据目标语言的表达习惯、搭配方式和语境要求，对原文词汇的词义进行适当的拓展或缩减，以达到更准确地传达内容的目的。这种扩展或缩小旨在将源语言的词义从泛指延伸到特指，或从抽象的概念转变为具体的实例，或实现相反的转变。这样做的目的是不改变原文的含义，它的主要作用是灵活地将两种语言进行对应。影视翻译的价值在于它可以在保留原意的前提下，适当地加强或削弱其含义，并体现出一定的本地特色或修改处理。这种方式既不失忠实于原文，又能更好地呈现出适合目标语言受众习惯和文化背景的翻译效果。

五、代替技巧

在目标语的语境下，替换源语词语或句子为具有不同语义或结构的目标语词语或句子的翻译方法被称为代替。它的关键作用在于帮助优化翻译，使其在跨越不同文化之间更加流畅，并创造出某种修辞效果。在影视翻译过程中，通常需要避免使用某些敏感的文字或语句，因此重新表达的手法常被采用。这种技巧很明显在将文本归纳为本土化的同时进行意译。

六、还原技巧

还原是旨在淡化源语色彩的一种翻译方法，具体而言就是将源语行文中的一些比喻、典故、幽默与语言文字结构性修辞等所体现的本意用直白的目标语表达出来，其主要功能是化解文化障碍，顺畅表达。还原不是最佳译法，因为它会造成巨大的修辞损失。

在影视翻译中，由于影视作品中存在大量的、形形色色的修辞，影视译者也就面临着巨大的挑战。由于种种原因，影视译者或多或少地都会对其中的部分修辞进行还原处理，此种方法具有明显的归化与意译倾向。

七、转移技巧

按目标语表达习惯，将源语句子的主语、否定词或语意重心等转移到合适位置的翻译技巧叫作转移。运用转移法可以转移的实际上并不局限于所识别出的主语、否定词或语意重心，如在影视翻译中，经常被转移的是音译词。为便于对口型，配音译员在翻译台本时，总是先把音译人名放在与源语人名原声相对应的位置，再对其所在句子进行完整的翻译，也就是先转移，再翻译。转移法具有明显的归化与意译倾向。

八、反转技巧

按目标语表达习惯，将源语句子各成分的语序完全颠倒过来的翻译技巧叫反转。该技巧多用于句法变通，其主要功能是化解双语中出现的时空顺序或语意重心相反的矛盾。反转在影视翻译中的典型应用是有关故事发展时间、地点的字幕翻译部分，具有明显的归化与意译倾向。

九、分译技巧

"分译"指的是一种翻译技巧，即将原文中较长的成分或句子拆分为两个或多个目标语句子成分或句子，也被称为"分切"。这样做可以保证翻译准确，更好地传达原文的意思。它的核心作用在于消除文本中的障碍，使汉语句子流畅扩展，避免拖沓和冗长，通过使用长短相间、单复交替等手段来确保译文最大限度地具有可读性。在进行影视翻译时，有一个重要的原则叫作分译。这意味着译者需要在不丢失原意的情况下对原文进行适当切分，以保证配音翻译中的音频和字幕翻译中的文本符合影音要求。因此，译者需要对原文进行内部篇章结构的分析，并注意文本长度不能过长。所以，将句子分解成对应部分并进行翻译是影视翻译中最常用的方法之一，强调了对原文语言与目标语言的适应和转换。同时，还会对翻译进行意译，以便更好地传达原文的意思。

十、拆离技巧

拆离是将源语中的"障碍点"（大多是副词或形容词）拆离原句的词语建立关系，另行处理，一般是放在句首或句尾或单独成句。拆离的根本目的是避免因对障碍点进行解释而造成行文僵滞、译语不自然等情况。因此，其与以化解双语句法差异为主要目的的转移存在着本质的差别。在影视翻译中，拆离是有效应对文化特有词汇的可选译法之一，具有明显的归化与意译倾向。

十一、移植技巧

移植指的是词语的借用，可分为直接移植和间接移植两种形式。

（一）直接移植技巧

直接从原始语言中直接借用词汇的形式和发音，而无需进行语言上的任何变换，以达到在不改变文本意义的情况下进行翻译的效果。如果直接移植的是词形，则又可称为"借形译"或"原形移译"，如 DVD、SOS 等；如果直接移植词音，则又可称为"借音译"或"原音移译"，如在影视翻译的配音翻译实践中常见的对第三语种进行保留原声的做法。

（二）间接移植技巧

在不改变原文含义的情况下，用目标语言的文字或语音，将源语言中特定的词汇或发音形式引入到目标语言中，这被称为间接移植，间接移植可分为表形译与音译两种。若将"T-shirt"译为"T型衫""丁字衫"或"体恤衫",那么译文中的"T"是直接移植或借形译,"丁"是间接移植中的表形译,而"体恤"则是间接移植中的音译。

由此可以看出,通常情况下,在实际应用中,移植方法常常在考虑内部音形的同时,还会综合考虑词语的意义、形态、音义及音形义等方面进行操作。双语翻译时,移植是为了补全原文和译文之间的对应关系,并确保译文的语气与原始影视作品相符。在双语翻译中,移植的主要目的就是填补原文和译文之间缺失的对应情况,以确保译文能够保持原影视作品的风格,同时也容易造成目标语语义不透明,因此在单独使用的情况下,具有明显的异化与直译倾向。

第四节　影视翻译的基本操作规范

一、译词统一与和具体操作规范

译词法是翻译方法论的基础,译词统一是国家翻译标准中的三大标准之一。毫无疑问,译词统一是影视译者应当牢牢掌握的、至关重要的基本操作规范之一。术语一致性是要求在某个行业或领域内,使用的专业术语必须符合通用标准或惯例,且在使用时语序要保持一致。在翻译过程中,专有词汇的前后应当保持一致,以达到统一的效果。如果存在没有明确的约定俗法翻译的词汇,我们将与客户进行交流后进行翻译,同时需要在翻译文本中标注出来。除了上述法规制约之外,译词统一要求本身也是一种影视语言制约,即影视创作者普遍视译词统一为一种十分有效、重要的影视逻辑修辞手段,并习惯于以此来达到前呼后应、剧情连贯的流畅效果。因此,译词统一的重要意义在于通过指称一致来保证译文逻辑顺畅,使观众顺畅理解译文,呈现影视艺术的完整性。

　　译词统一概念可以从狭义与广义两个角度去理解。狭义的译词统一是指对某一源语台本中出现的专有名词（如人名、地名、书名、团体名、机构名、商标名、职务、头衔、尊称及专业术语等）及其他所指意义相对单一的普通名词，其译词在同一目标语台本内应保持前后一致；广义的译词统一是指在译词选择上要做到名从定译或约定俗成，即要放眼于该台本之外，与目标语文化或社会对相关专有名词的命名习惯保持高度一致。

　　为有效解决译词统一问题，有些影视原片供应方会自制一份较为完整的翻译参考词汇表，连同原片及源语台本等一并提供给译制方。然而，影视原片供应方毕竟来自目标语文化之外，其所提供的词汇表对译制方而言仅具有参考价值，实际的译词统一工作还需要靠译制方自己来完成。具体的译词统一工作依据不同的翻译流程可由不同人员完成，如果采用的是项目翻译或团队翻译流程，项目经理或翻译组组长应在译前为所有相关译员单独提供一份较为完整的双语词汇表，尤其是在译制电视连续剧时，主要人物及主要概念会在各剧集中反复出现，译词统一也就显得至关重要；如果是单兵翻译流程，那么通常就只能靠译制导演或译员自己去单独完成。

　　对于影片中出现的各类专有名词，无论配音翻译还是字幕翻译，译员都要在译词用字上做到严谨、规范。

（一）名从定译

　　人名、地名、作品名、专业术语等专有名词的翻译应遵循名从定译原则，即通过查询去了解该专有名词在目标语中是否已拥有约定俗成的译名。为保证系列影视作品中的相关专有名词保持高度一致，同一系列影视作品应优先选用同一组译制人员，对配音翻译而言，至少应包括译制导演、配音译员与配音演员三个工种，对字幕翻译而言，则应交由同一位字幕译员或同一个字幕翻译组完成。在无法选用同一组译制人员的情况下，相关译制导演或译者则必须在译前通过参考之前同系列影视作品的目标语台本完成相关的译词统一工作。

（二）书写规范

为维护目标语语言的纯洁性，除个别缩略语可通过移植法保持源语用词之外，其他专有名词皆应译出；在用音译法翻译人名与地名时，忌随意用字，应依据相关部门或组织指定的译名参考书取字，如《世界人名翻译大辞典》与《世界地名翻译大辞典》等，西方人物姓名的译名应在名与姓中间使用间隔号。

（三）姓名取舍有度

在配音翻译的目标语台本写作时，人物姓名应写在全部台词之前或之后；为防止同一台本中两人物因名相同而造成配音困扰，应以姓氏对两者予以区分，姓氏相同则以名予以区分；在台词部分出现交替使用姓与名来指称同一人物时，在所指物存在一定的配音困难，或占用了过多文字表义空位时，译员可依照具体情况通过省译法或替代法对之进行适度减缩。

不违背其语体意义的前提下，应选择姓或名中的一种以实现译词统一。对于字幕翻译而言，在目标语字幕写作上，人名译词既可以完全采用配音翻译的做法，也可以与源语字幕或源语语音保持一一对应。

（四）强调感情色彩

在欧美影音作品中，采用昵称或外号等指称剧中人物的情况比比皆是，而用目标语重塑人物形象又是影视译员的核心任务之一。因此译员在相关名称的具体选择上还应充分考虑所选译词是否能够准确反映出相应的褒贬色彩、相应的人物特点及相应的人物身份等，从而有效地烘托出相关人物的鲜明形象。

（五）译名有注释

对于有文化底蕴的（如名著中的人物名）、有争议的（如国名分歧或山名分歧）专有名词及某重要领域的专业术语，应尽可能以文内注释的方式确定译词，同时以文外注释的形式予以说明，以便于后期的校对工作。所谓文外注释，对影视配音翻译而言，是指译员应以批注的形式在目标语台本相应位置详细注明译词来源或做出补充说明；对字幕翻译而言，是指在必要的情况下，译员可以另起一行字幕对相关译词的文化内涵进行简要解释。

（六）适当调整语序

通过对目标语语序进行合理的调整，使目标语专有名词与源语专有名词的语音或画面所指保持语音同步或画面同步。对于配音翻译而言，语序调整的意义在于以音译法处理的专有名词与源语词汇具有极强的语音相似度，语音同步也就能够大大方便配音演员的配音工作。对于字幕翻译而言，语序调整的意义在于专有名词所指实体如果出现在相应画面上，两者的画面同步能使译词及其所指获得最佳的相互阐释效果。值得一提的是，为了便于对口型，配音演员通常习惯直接按外语发音方式说出人物角色名称，由于对外语掌握情况各异，同一影片的不同配音演员在称呼同一人物时，经常出现发音不一致的现象。影视译员不应受此影响，仍应依照常规将标准译名准确记录在配音台本上。

（七）适度减缩

当不具有明显修辞意义的某个名词在前后语境出现频率较高，画面中有相应所指物，存在一定的配音困难，或占用了过多文字表义空位时，译员可依照具体情况通过省译法或替代法对之进行适度减缩。对于配音翻译而言，过于冗长、拗口的人名通常既不利于配音又抢占了过多的文字表义空位，适度减缩是一种行之有效的变通策略；对于字幕翻译而言，通过对与视觉非文字信码所指相重复的视觉文字信码进行减缩，可以很好地实现其特有的文字简约风格，有助于字幕隐形。

（八）随机应变

既然用目标语重塑人物形象是影视翻译的一个核心任务，那么称谓语也不例外，同一个人的名字从不同的人嘴里说出来，就很有可能形成表面的译词不统一现象。因此，当相关名称涉及人物塑造时，译员不应墨守成规，而应结合具体情况，在不引起指称混乱的前提下违背译词统一原则，在局部采用形式上有变化的译名，以使相关角色被刻画得更加活灵活现。

二、信码标注规范

影视作品是文字信码与非文字信码的混合体，文字信码通过与非文字信码的互动方能产生意义。因此，对与文字信码意义密切相关的非文字信码进行适当标注是影视翻译的一项常规操作。不过，在信码标注的具体内容与形式上，配音翻译与字幕翻译各有侧重，配音翻译的信码标注相对而言更复杂。在配音过程中，除了对文字信码进行准确翻译之外，译者还应对文字信码及非文字信码通过文字或符号进行合理标注，为后续的配音演员、译制导演及录音师等其他工种进一步提供详细而准确的配音与混音等附加信息，从而推动整个译制流程的顺利进行。下面就以配音翻译的信码标注为主线，并比照字幕翻译的具体情况进行综合性的解释。

（一）时码标注规范

时码即时间代码，是对帧的时间定位，代表着某句台词、背景音、字幕，甚至是书写物在画面上出现时间的具体起点（起始时码）或终点（终止时码），影视台本时码的完整格式为时：分：秒：帧（hh：mm：ss：ff），其中前三者之间采用 60 进位制，帧则采用 30 进位制（最小值为 0，最大值为 30）。影视字幕时码的完整格式为时：分：秒，毫秒（hh：mm：ss，mss），1 秒等于 1 000 毫秒。因此毫秒部分通常取三位数，时码的标点符号均为半角字符。

配音脚本时码标注的重要意义在于，一方面能够使配音演员、录音师及译制导演快速而准确地锁定某句台词或字幕与画面的对应位置，另一方面能够使译制导演对影视脚本通过 Excel 软件进行快速而准确的排序与检索；影视字幕时码标注的意义则在于实现目标语字幕的机读，无论配音翻译还是字幕翻译，在翻译前大都需要先对源语台本进行格式转换，将其格式转换成配音脚本格式或字幕文件格式。配音翻译与字幕翻译操作方式不同，对时码标注的方式也存在很大区别。

影视字幕翻译要求以每屏出现的单行或双行字幕为基本翻译单位（以下简称字幕块）进行起始时码和终止时码标注，配音翻译要求以话轮为基本翻译单位（有时一个过长的话轮涉及多次镜头切换，则进一步按镜头细分翻译单位），且只需要标注起始时码。

字幕翻译受字幕文件格式限制，起始时码与终止时码以既定格式单独成行，置于字幕块序号之下、相应台词字幕之上；配音翻译受配音台本格式限制，起始时码位于话轮序号之后，与相应角色名称及台词同行。

字幕呈现方式为机器自动读取，因此字幕翻译要求用字幕制作软件进行时码提取，从而保证每个字幕块的时码标注精确到毫秒，不能对既定格式进行任何更改。配音脚本上的时码只是为配音演员提供一个配音起点，因此通常省略到秒，即时：分：秒（hh：mm：ss），时长若不足 1 小时，小时部分也可省去，可凭肉眼直接提取，也可将冒号全部改为英文的句号。另外，在时间特别紧张且不影响台词提取的情况下，配音译者可省去部分台词前的时码标注，如某场景中只有两个角色在进行反复的话轮交替，这时只需要分别标注两角色第一个话轮的时码。

由于采用机读方式，字幕翻译要求屏与屏之间的字幕块时码不能重叠，即前一个字幕块的终止时码始终小于后一个字幕块的起始时码；配音翻译因配音演员皆单独进行配音，各找各的起始时码，因此起始时码重叠属正常现象。

当两个角色同时或大致同时说话时，影视字幕翻译通常以双语字幕形式对两句台词进行上下分行处理，或以单行字幕形式左右并列显现，并在每句台词前加上"-"半角标注符号；配音翻译因不受时码重叠制约而会将两角色的台词分成两个相互独立的时码与台词，有时为突出时码重叠会在相应台词前加上"（叠）"等专用标注语。

（二）人物标注规范

字幕翻译（不包括听障字幕翻译）通常不必对每个字幕块所属人物进行标注。对于影视配音翻译而言，人物标注则不可或缺。配音翻译的人物标准分两部分：第一部分位于配音台本首部或尾部的"剧中人物表"，需要标明剧中主、次人物的原名和译名、性别、关系及个人特点等其他有助于配音的必要信息；第二部分位于配音脚本正文的"人物栏"内。

影视配音翻译的人物栏标注项并不单指人物，而是包含角色、字幕、画面重复等多项内容，其基本格式为"标注项名称"，其中标点符号为全角。人物栏标注的重要意义在于使人物与台词实现一一对应，以防止配音时出现张冠李戴现象而引发一连串的配音失误，进而造成译制过程减慢或译制成本增加等损失。

（三）台词标注规范

台词标注的本质是通过直接对文字信码的非文字信息进行标注，使配音演员更好地理解相关台词，进而通过恰当的配音表演出色地完成配音人物。因此，字幕翻译通常不需要进行此类标注，听障字幕翻译则是个例外，因为其受众是丧失听力或听力较差的人群，这就需要对听觉非文字信码进行适当的视觉信码标注。

影视配音翻译的台词栏标注项较多，通常包括表情标注、体势语标注、气口标注、变声标注、画外音标注、模糊语标注、语种标注、音乐标注及栏外批注等项，其标注格式通常为"（标注用语）"，标注位置与非文字信码出现的具体位置保持一致，有可能出现在某台词之前、之中或之后。标注原则以尽量不干扰配音演员的视读操作为准，如可将标注语字号调小或改为斜体，或者不去标注那些配音演员在配音过程中能够明显注意到的非文字信码。

三、口型规范

配音译制片的生命在于通过翻译与配音实现声、画浑然一体，因此目标语在声音上须与画面保持高度同步。声、画的高度同步反映在具体的配音环节上主要涉及三个关键要素，即字数、气口与口型。所以，定字数、留气口与对口型也就成了影视配音翻译的最外显、最独特、最难掌握的核心技术。

（一）定字数规范

所谓定字数，是指每句目标语台词与源语台词皆应在语音持续时间上保持相同或相似，合上字数，实现音节耦合。目标语字数计算方法通常包括以下四种。

一是以时长计算用字：以目标语广播电台播音员的语速为参照，以英译汉为例，平均为每秒 3~4 个汉字。配音译员在翻译某句台词之前，应通过视频播放软件锁定的时码范围计算其总秒数，再用总秒数乘以 3 或 4 得出该句话应使用的汉语字数，使用这种方法时要特别注意剧中相应角色语速的快慢以及句中是否存在顿歇现象。

二是以音节计算用字：以目标语音节为参照，如"stop"一词在英语中为一个音节，在汉语中则为三个音节，即"s-to-p"，汉语应处理成两到三个字。换言之，英汉音节并非一一对应关系，将英文单词直接音译成汉语，便能够较为准确地获得其对应的汉译音节数。

三是以口型开合次数计算用字：以源语口型为参照，通过观察角色口型的开合次数或节奏来确定目标语字数，如由"stop"构成的单句台词有两次口形开合（标记为12），即用两个汉字。

四是使用意群和节奏来计算字数。先以原话中的意群为基本语音单位，确定意群的停顿位置，以确定节奏单位的数量，这样可以更准确地计算字数。然后，通过分析每个源语义群中的重音和轻音，确定它们所使用的音节总数，以确保目标语言的台词与源语言的台词在音节总数上相对应，同时不改变它们的原始含义。换言之，目标语台词具体字数取决于每个目标语意群为实现音步总数对应而采取的具体字数。有研究者认为，英、汉两种语言虽然在音节上并不对应，但在节奏上存在一定的对应关系，如果把英文的意群作为翻译的参照单位，中文译文以节为计算单位，那么译文与原文的对应值最佳，而节（二三律）是指汉语的自然音步（二三字）。也就是说，以汉语由两个汉字构成一个音步去对译英语由两个轻音节构成的一个音步，可使英汉双语台词获得较佳的对应效果。

字数拿捏不准会给配音演员带来较大压力，如果一句台词用字过多（行话叫"太满"或"太涨"），配音演员就不得不大量削减用字。反之，如果一句台词用字过少（行话叫"太窄"或"有剩口"），配音演员也就只能根据语意现编一些水词以填补词汇空缺。

（二）留气口规范

所谓留气口，是指目标语气口与源语气口应在语音出现的时间位置上保持相合，给配音演员留下足够的用以换气或表达情感的声音空位。一般情况下，目标语在语序上应按照源语语序顺势而行，在相应位置进行停顿处理，必要时也可打破源语语序，对原句进行大幅重组，以确保对上气口。留气口反映在目标语台本上，也就是以适当的气口标注方式明确地标明目标语台词的具体停顿位置。显然，当目标语台词的字数以意群及节奏计算时，气口的位置多半都会与意群停顿之处相吻合；反之，留气口通常以不打破既定意群的语意或节奏完整性为宜。另外，在很多情况下，气口的位置也会成为某个口型的起点或止点，因此影视翻译时留气口也是明确口型起止点的关键因素之一。

（三）对口型规范

口型通常用于描述影视剧中角色说话时的嘴部运动，而对口型则是指要求配音演员在配音时保证所说的台词与角色口型运动完美同步，确保嘴部动作和声音的精准匹配。在进行口译时，应以图像为依据。只要看到人物嘴巴在动，就必须尽全力使嘴型和目标语言相匹配，严丝合缝。目标语台词是否需要进行对口型操作，通常取决于相关镜头的具体类别（大全景、全景、中景、中近景、近景、特写与大特写等）。具体而言，在对口型时应注意以下七个要点。

一是应优先处理特写镜头或带有强烈情感的口型。

二是应优先处理一连串口型的起处与止处。

三是在处理一连串口型的中间部分时，重在口型闭合次数、节奏及字数相同或相似。

四是可选用与原语发音相近的汉字来对口型。

五是应盯住画面，合理选用"四呼"来对口型，即开口呼（韵母中以 a、o、e 为第一音素双唇大开的口型，如 a、o、e；ai、ei、ao、ou；an、en、ang、eng、ong 等）、齐齿呼（韵母中以 i 为第一音素的双唇小开、略向外展的口型,如 i;ia、ie、iao、iou、iu;ian、in、iang、iong 等)、合口呼(韵母中以 u 为第一音素双唇微合的口型,如 u;ua、wuo、uai、uei、ui;uan、uen、uang、ueng 等)和撮口呼(韵母中以 ü 为第一音素双唇前撮的口型,如 ü、üe、üan、ün 等)。

六是为了确保口型的耦合条件达到最佳状态,可以采用转化、倒装或重新组织句子等手段来调整专有名词(或与源语发音相似的词汇)的目标语词汇,但不改变原文的意思。

七是当角色背对镜头说话,不需要配合口型时,重在保持双语语音在时长与节奏上的同步,以使目标语在语音上让人感觉更加连贯、自然与可信。

"四呼"是我国传统音韵学术语,是对汉语中四种类型韵母的高度概括。韵母是指汉语字音中声母、字调以外的部分,通常由韵头(发音较迅速、较模糊的介音)、韵腹(发音较响亮的主要元音)及韵尾三部分组成,其中韵腹是必不可少的。韵母按口型的开合分为开口与合口两类,每类进而分为洪音和细音。开口洪音称为开口呼,开口细音称为齐齿呼,合口洪音称为合口呼,合口细音称为撮口呼。

定字数、留气口及对口型是配音译员特有的基本功,也可以说是职业影视翻译与业余影视翻译两者之间的区别性特征,这项基本功扎实与否直接影响着后续译制流程的工作效率。必须强调的一点是,配音译员毕竟不是经受过多年专业训练的配音演员或者口型师,由于所受专业训练内容及程度不同,很少有配音译员能够使配音台本一步到位,其配音台本通常还要经过配音演员、口型师及译制导演大幅度的修改。而配音译员之所以要懂得以及尽可能掌握这些本属于配音专业的知识,主要是因为配音演员或口型师并非双语转换专家,也就极有可能因口型调整而使台词内容与原意产生过大的偏差。反之,如果配音译员最初提供的配音台本充分考虑了字数、气口及口型问题,并且完成得基本到位,那么也就最大限度地保证了最终的配音台本在含义上不至于过度失真。

字幕译员因不受口型制约而能够使目标语字幕更忠实地传递出源语字幕的语意。从这个意义上讲，同一部影音作品的字幕版与配音版是不可相提并论的。另外，字幕译员在翻译时实际上也必须考虑每个字幕块中的具体字数（定字数）及语句切分的具体位置（留气口），只不过与配音译员相比，其享有的翻译自由度更高一些而已。

四、加水词规范

在配音行业中，人们常用"水词"和"落口"这两个术语。有时在画面中出现人物的口型动作，但没有发出明确的语音或是没有记录下的对白，被称为"落口"，这个情况使得配音译员存在难以完全翻译和配音的问题。口误的结果会让观众觉得影片的译制不够完整，就是指翻译或配音存在"遗漏"或"疏忽"，加水词可以被视为一种有效的应对方法。具体来说，"水词"指的是在配音或表演过程中，为了营造情境氛围或者使难以听清的原文内容更加清晰明了，而加入的目标语言词汇，虽然在原文中并没有体现，但其意义与情感与原文内容一致。

加入过多的直译和原汁原味的源语言表达，可能会对目标语言的字幕产生不必要的影响和干扰，因此，在进行字幕翻译时需要注意不要过度添加源语言的词汇和表达方式。也就是说，为了更好地呈现场景的激烈、热闹、杂乱或惊恐氛围，配音翻译经常会使用水词添加这种强有力的策略，这种策略不会改变原文的意思。此外，它还可巧妙地掩盖了嘴唇的动作，使得受众不会因为看到无声的嘴唇运动或听到外语的语音而感到不自然或突兀，这样整个过程就更加自然和流畅。

在配音翻译过程中，译员必须根据画面完成翻译，即使原本的台本或语音中未包含对应内容，只要发现画面有角色嘴唇活动，也必须进行配音。如果不打算翻译，就需要在配音脚本的时间码处做好标记，在人物栏内标注"群杂",在台词栏内标注"（此处有口型）",这样做的目的是将水词添加的任务转交给译制导演及配音演员。如果选择翻译,则应依据以下要点进行水词添加。

一是在编写水词时,需要按照剧情的推进和相应的场景要求来撰写。水词的内容必须遵循剧情的逻辑,与场景相符,并且在日常生活中,人们的反应与其情节必须是相符合的。

二是当场景中的群杂成员有明显口型动作却无语音出现时,应结合听译或相应语境编写适当水词以封其口型。

三是当场景中的群杂声音中含有依稀可辨的语音时,应结合听译或相应语境编写适当水词对原声进行屏蔽。

四是当场景中的群杂成员数量不超过三人时,应在相关水词之前标注成员的性别,或将对应的人物栏内容标注为"某男""某女"等,以便译制导演依据性别指定相应的配音演员;当群杂人员过多时,则可将同时出现的多个水词写在同一个台词栏内,并以反斜线进行分隔。

五是有时尽管相关场景中并无口型,也无语音,更无台词,但配音译员认为有必要编写水词以获取更好的观影效果,必须先征得译制导演许可,方可进行水词添加。

五、字幕和配音翻译中的上字幕规范

（一）字幕翻译中的上字幕规范

字幕翻译实际上是将受众听不懂或看不懂的那些源语文字信码转换成相应的目标语视觉文字信码（目标语字幕）,其翻译内容相应也就包括视觉与听觉两种源语文字信码。字幕译制片实际上也就是在对原片的视觉文字信码进行全部或部分的目标语文字替换的同时,再加入一种用以直观阐述听觉信息的视觉文字信码。

字幕翻译因无可避免地增加了影片视觉文字信码的总量而给目标语受众造成更大的视觉信码、解码负担，无论是对源语视觉文字信码进行的替换，还是听觉信息目标语文字阐述，都会因占用了原片有限的视觉空间而干扰到目标语受众对原片的正常审美活动。因此在技术层面上，字幕翻译倾向于采用缩减策略，强调短、平、快，追求最佳的"隐形"效果，而在语言、法规及效果等其他层面，与配音翻译相去不远。

具体而言，字幕译员在对源语台本或源语字幕进行翻译时，要从上字幕的角度注意以下五个重要事项。

一是注意信码的类型。对于片头或片尾字幕，必须译出片名与出品方名称，应从演职员表中摘译出至少包括导演、编剧及部分主要演员在内的原片重要创作人员的姓名；对于片中字幕，应全部译出；对于书写物，忌面面俱到，应视其与剧情的关联程度而有选择地进行摘译；对于源语台词，应以全译为主；对于唱词，应依据其与影片主题或情节的关联程度或者对视觉空间的占用程度进行摘译。

二是注意字幕的隐形。运用缩减策略完成对口语内容的书面语形式改写，使之成功隐形，具体包括严格约束字数，去除不必要的标点符号；去除重复用语或口语常用语气词；去除对目标语而言显得多余的那些表达前后逻辑关系的字词；去除因与画面视觉信码重复而显得多余的字词。

三是注意语义的透明。在选词酌句时避免使用易分散受众注意力的译语；避免使用复杂句式；避免使用语义不明的缩略语；避免使用不完整句式；避免使用歧义词（双关等修辞除外）；避免使用在显示时间内不能被初步理解的某种修辞。

四是注意字幕的同步。通过合理的意群切分，使译句始终与语音保持时间上的大致同步；通过合理的单位转移，使整句或整段内容在宏观上与源语保持内容同步；应与无法抹除的源语字幕或书写物保持时间及内容上的同步。

五是注意语言的规范。应注意遵守源语及目标语各自的语言规范：在地名及时间语序上，目标语字幕应遵从目标语语言规范；在目标语字幕中使用标点、数字及计量单位时，应遵守目标语语言规范；在目标语字幕中具体的用词、用句上，应遵守目标语语言文字规范及法规要求。

目标语虽然受众仍跟看原片一样，仍会因听不懂原声而被剥夺了听觉功能，却可借通畅的视觉信道，通过识读加挂的目标语视觉文字信码而间接地获知原声所传递的意义，还能够直观地感受到纯粹的"洋腔洋调"。

（二）配音翻译中的上字幕规范

配音译制片通过语音置换解除了源语语音对目标语受众所构成的听觉信道封堵，也就使目标语受众可以同时从视觉与听觉两个信道对影视作品进行完整的视听艺术欣赏活动，对影片的理解效率相较于字幕译制片而言也就高得多。理想的配音译制片的台词部分是不需要配以目标语字幕的，因为那是在画蛇添足，需要配以字幕的地方通常是原片自带的对白之外的文字说明，也就是局限于视觉文字信码部分。当然也有例外的时候，比如，无法进行置换的语音部分（如源语歌声或第三外语台词原声等）在很多情况下也需要进行文字说明。

配音译员在为上字幕做翻译准备时，应特别注意以下几方面的内容：能不用字幕就不用字幕；上字幕时，应遵循字幕翻译基本规律；应依据配音台本的格式要求，将字幕内容、相应的角色、时码及其他相关标注项准确地填写在配音台本相应位置；对于源语台本中有明确文字记录的字幕，应参照视频一一核实，并侧重于对专有名词与数字的合理处理，不可犯误译或漏译等错误；对于第三语种及歌词等特殊语言现象，应依据所采用的具体翻译策略来确定目标语字幕的最终处理方式；应依据其与剧情或相关场景的相关程度来合理确定哪些画面书写物当译、哪些不当译；应针对所上字幕的特点，建议字幕制作员在技术条件允许的情况下抹除相应的源语字幕，或以特效字幕方式实现与画面书写物的附着，从而最大限度地节省视觉空间。

如前文所述，有时译制方会依据配音台本为字幕译制版直接生成一份目标语字幕文件。在这种情况下，配音译员首先应尽告知义务，即善意提醒译制导演这种做法因有源语语音参照而存在弊端，并提出重译建议；其次，在译制导演因时间或其他原因而固执己见的情况下，应主动要求与字幕制作员一起进行配音台词的字幕转写工作，同时应积极为自己争取应得的额外报酬；再次，在字幕转写由字幕制作员单方面完成，且需要自己对目标语字幕进行校对的情况下，应不计个人得失，结合源语语音，着眼于语义及修辞层面，尽可能在有限的时间内修正最明显背离源语本意的目标语字幕缺陷；最后，如果在某次译制过程中，字幕译制版是首推版本，而且相关翻译任务从一开始便落在了配音译员身上，那么配音译员应先对既有的配音翻译思维进行合理改造（如淡化归化思想、侧重书面语外在形式、忘掉口型问题、忘掉配音演员、将忠实对象变更为源语语音、尝试以修辞译修辞等），在确定自己能够很好地顺应字幕翻译的客观翻译规律之后，方可下笔。

参考文献

［1］ 李刚，李兵. 商务广告英语的语言特点及翻译策略［M］. 广州：世界图书出版广东有限公司，2013.

［2］ 蒋林；曾杭丽，余叶盛. 传媒英语翻译读本［M］. 南京：南京大学出版社，2012.

［3］ 石磊. 跨文化视角下的广告英语翻译［M］. 沈阳：辽海出版社，2019.

［4］ 朴哲浩. 影视翻译研究［M］. 哈尔滨：黑龙江人民出版社，2008.

［5］ 祝秋薇. 英语新闻标题的功能派翻译途径［M］. 徐州：中国矿业大学出版社，2007.

［6］ 董丽丽，李宗瑾. 汉英广告对比及翻译策略研究［M］. 太原：北岳文艺出版社，2020.

［7］ 武亚著. 英汉翻译理论及新闻传媒翻译研究［M］. 太原：山西经济出版社，2019.

［8］ 王银泉. 实用汉英电视新闻翻译［M］. 武汉：武汉大学出版社，2009.

［9］ 杨晖. 多视角下的影视翻译研究［M］. 兰州：兰州大学出版社，2018.

［10］ 郑帅. 跨文化视域下英语影视翻译创新研究［M］. 长春：吉林出版集团股份有限公司，2020.

［11］ 何希泓. 谈影视翻译的特点、翻译方法以及中国影视的外译［J］. 大众文艺，2023（6）：82-84.

［12］厉艳. 基于交际翻译的英语影视翻译研究［J］. 海外英语，2023（5）：25-27.

［13］胡仪玮. 文化转向视角下的影视字幕翻译研究［J］. 海外英语，2023（3）：31-33＋40.

［14］周莹. 关于新闻英语翻译与跨文化意识问题的思考［J］. 新闻研究导刊，2022，13（24）：127-129.

［15］王晶. 新闻英语翻译与传播效果研究［J］. 中国报业，2022（22）：118-119.

［16］刘海静. 影视翻译的归化策略分析［J］. 海外英语，2021（1）：145-146.

［17］胡伶俐. 新闻英语隐喻翻译策略分析［J］. 科学咨询（科技·管理），2020（5）：128.

［18］王悦. 跨文化意识视阈下的新闻英语翻译［J］. 产业与科技论坛，2021，20（24）：135-136.

［19］吕姣荣. 生态翻译学视角下字幕翻译助力中国影视文化"走出去"［J］. 大众文艺，2021（10）：141-142.

［20］邬磊. 英汉影视翻译课程教学模式探索［J］. 中国民航飞行学院学报，2021，32（3）：72-75.

［21］刘垛垛. 文本类型视角下的财经新闻翻译实践报告［D］. 广州：广东外语外贸大学，2022.

［22］刘冬梅. 时尚杂志翻译实践报告［D］. 哈尔滨：哈尔滨理工大学，2018.

［23］王虹光. 影视翻译中的权力问题研究［D］. 武汉：武汉大学，2015.

［24］蒋小琴. 影视字幕翻译的信息差及其调控策略［D］. 南昌：南昌航空大学，2015.

［25］颜春晖. 跨文化交际中的新闻英语翻译实践探讨［D］. 兰州：兰州大学，2013.

［26］张燕. 接受美学视角下的商业广告翻译［D］. 成都：西华大学，2017.

［27］李媛媛. 目的论指导下的新闻英语翻译实践报告［D］. 银川：宁夏大学，2022.

［28］方玉如. 关联理论下新闻英语隐喻的翻译策略［D］. 福州：福建师范大学，2014.

［29］李新颜. 操纵论视角下时政新闻英语翻译研究［D］. 荆州：长江大学，2014.

［30］胡慧敏. 传播学视域下体育广告的翻译研究［D］. 成都：成都体育学院，2022.